オトナ女子のための

美肌図鑑

美容化学者
かずのすけ 著

ワニブックス

はじめに

本書をお手にとってくださり、誠にありがとうございます。僭越ながら本書を手がけさせていただきました、かずのすけと申します。美容や化粧品を「化学」で解説する、という少し特殊なブログをしたためております。

私のブログの読者様は主に女性で、特に30～40歳くらいの方が中心となっています。美容や化粧品に興味を持ち始めるのは20代半ばがピークと思いますが、この年齢層の開きには一体どういう理由があるのでしょうか。

おそらく世のオトナ女子たちはまず「とりあえず世間で人気の美容法や化粧品を一通り試してみる」という期間を経て、そののちに私のブログを訪れているのではないでしょうか。「数年間、テレビや雑誌、SNSなどの情報を頼りにいろいろやってはみたけれど、結局いまいちピンと来ない……」。そういった方が化粧品や美容に関する真の情報を求めてインターネットを彷徨《さまよ》い、その終着点で私のブログに行き着くのだと。そして私のブログを読んだ多くの方は、口をそろえて

「もっと早く知りたかった！」と、これまでの自身のスキンケアや美容の間違いを嘆かれます。

例えば「肌は保湿すればするほど良い」「敏感肌にはオーガニックコスメが良い」など、**今では半ば常識化してしまっている美容情報がありますが、実際はこれらのほとんどが科学的根拠を持たない間違ったものであると言えます。**昨今「自称敏感肌」という人が莫大な数にのぼるのは、何も知らずにこういった誤った情報を信奉して、毎日せっせと肌を痛めつけている人がたくさんいるからにほかなりません。

正しい知識を持ってちゃんとスキンケアを行えば、今までより断然簡単に時間もお金もかけずに綺麗になれてしまうということを、多くの人は知らないのです。逆にこれを知らないというだけで、これまで美容にたくさん時間もお金も手間もかけているのに一向に綺麗になれないどころか、ニキビや毛穴やシミや乾燥などの肌荒れに常に悩み続けなければならないなんて、こんなもったいないことがあるでしょうか。私はそんなの間違っていると思っています。

ところで、本書では「これでもか！」というくらいに「あれはダメ！」「これも良くない！」を繰り返しています。一方で「これが良い」という内容はウエイトが少ないと思います。このような本を書くと、「ダメダメばっかりで何をしたらいいかわからない！」という意見をいただくのですが、おそらくそういう考えに至ってしまうこと自体が業界の戦略に毒されている証拠ではないでしょうか。「常に何かしないと肌はどんどん衰える……」と、そう思い込ませることで、特に必要のない化粧品を買わせる業者もたくさんありますから。

そもそも今のオトナ女子たちは何よりも「無駄なこと」をやり過ぎています。

ですから、この無駄な美容をすべて今日から一切やめるだけでも、今より断然綺麗になれる人がたくさんいらっしゃるのです。

別に何かを足す必要などなく、とりあえず「やめる」だけ。それらを全部そぎ落とすと、残るスキンケアなんてほんとに単純なので、「え、ほんとにこれだけでいいの？」と焦るかもしれませんが、肌というのは本来自分の機能だけで十分保湿できるし綺麗でいられるのです。化粧品で外からできることは皆さんが思っているほど多くはありません。

というわけで前置きが長くなりましたが、もっと具体的にどうすべきか、どう選ぶか、どう避けるか、その詳しい方法は本文で述べさせていただいています。

「化学の知識は必要ですか？」

もちろん、なくても大丈夫。わかりやすく、簡単に、そしてちょっとだけ面白おかしく、間違った情報に惑わされない「本当に綺麗なオトナ女子」になるための美容学を本書から学んでいただけたら幸いです。

CONTENTS

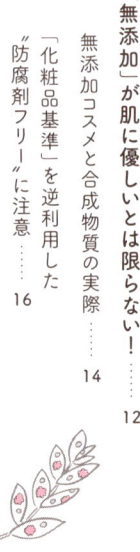

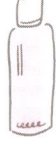

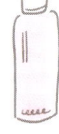

第2章 オトナ女子のためのプラスαケア

ビタミン
L《エル》ーシステイン
カロテン

第3章

オトナ女子のための ヘア&ボディケア

第4章 選ぶならどっち？ 正しいスキンケア

第1章

美肌作りで絶対に知っておきたいスキンケア

まずはスキンケアの基本について学びましょう。
毎日肌につけているのに、実は詳しい成分は知らない、
どんな効果があるのか知らない、
といったことはありませんか？

「無添加」が肌に優しいとは限らない！

あたし無添加なの使ってる～
何入ってるかわからないの嫌
人を見下した目
自分は人より
ちゃんとしてるから感
カシミア
無添加
MUTE
NKA
さりげなく
愛用品を自慢してくる
無添加コスメ指名買い女子

特徴

- 化粧品選びの基準は無添加かどうか
- 目標は自然に優しいナチュラル生活
- お昼ご飯は手作り弁当

※旧表示指定成分：肌がアレルギーなどを起こす可能性があるとして、1980年から化粧品への表示を義務づけられた103種類の成分。現在は制度が変わり、全成分表示が義務。

DATA

無添加大好き

美白度：★★☆
潤い度：★★☆
アンチ化学物質：★★★

ここがNGケア

無添加への過信は、化粧品会社の思うツボ！ 賢い消費者は〝本質〟を見る

Check 1

無添加は言ったもん勝ち！ 肌に優しい保証はなし

昨今の〝脱ケミ（ケミカル）〟ブームで、**「無添加」を基準に化粧品を選ぶ**女子が増えているようです。しかし無添加化粧品でも、肌に優しくない商品はわんさか存在します。

というのも、無添加化粧品と名乗るための**明確なルールはない**からです。香料にしろ、着色料にしろ、何らかの成分（実質的には主に旧表示指定成分※）が１種類でも入っていなければ、無添加と表現できます。つまり、**ほとんどの化粧品は無添加と言える**のです。

Check 2

「天然成分」も中身は化学物質 「合成成分」も原料は天然成分

「無添加100％」などと書かれた化粧品に対して、「化学物質ゼロで肌に優しいのね♪」と思うのは勘違い。**この世に、化学物質を含まないものは存在しません。**例えば、水は「H_2O」という化学物質です。同様に植物オイルのような天然成分も、その実体は多数の化学物質の複合体なのです。

一方、**どんな「合成物質」も人間がゼロから作ることはできません。**合成の界面活性剤や防腐剤も、原料は天然成分です。

無添加コスメと合成物質の実際

ザックリまとめると……

- 旧表示指定成分などが1種類でも入っていなければ、「無添加化粧品」と表現できる。
- 「天然成分」も中身はたくさんの化学物質。天然or合成という基準では化粧品を評価できない。
- すべての「合成物質」は天然の原料から作られている。どんな化粧品も「天然由来100％」。

CHECK 1

すべての合成物質は天然成分がベース

化学合成物質は、人間がゼロから作っているわけではありません。ほぼ例外なく、原料は天然成分です。界面活性剤や防腐剤、香料、着色料、紫外線吸収剤などすべて。刺激のある界面活性剤として悪名高い「ラウリル硫酸Na」（詳細は93ページ参照）は、ヤシ油べ

「天然」「合成」「天然由来」の違い

化粧品の成分。それぞれの言葉の違いを理解しておくことが、商品を選ぶ際にとても役に立ちます。

天然成分

天然から採取したまま、手を加えていない成分。ただし、天然だからといって優しいわけではない。

合成成分

天然から採取したものを原料にして、それを微生物発酵させたり、ほかの化学成分と反応させたりして作った成分。

天然由来成分

天然から採取したものを原料にして作った成分。つまり「原料」が天然物なら、それが合成界面活性剤でも「天然由来」と言える。しかしこの世に存在する成分は、合成化合物も例外なく天然原料から作ったもの。「石油」も立派な天然原料。

「天然由来 100%」
という
宣伝文句に
つられちゃダメ!

ースの脂肪酸が原料。「シリコーン」（詳細は197ページ参照）は鉱物が原料です。

CHECK 2

避けるべき添加物はある？

無香料、無着色、無防腐剤etc……。これらの重要性は、肌質や好みで異なるでしょう。しかし、「香料」はアレルギーを、「鉱物油」は乾燥を招くことがあり、配合量が多い場合は注意。敏感肌の人は「着色料」「アルコール」もアレルギーのリスクがあるので、配合量が多いものは避けて。

「化粧品基準」を逆利用した"防腐剤フリー"に注意

ザックリまとめると……

- 日本で売られる化粧品は「未開封で3年以上」の防腐設計が基本。ムリなら消費期限の記載が必須。
- 化粧品で「防腐剤」と呼ばれるのは、「化粧品基準」に定めた特定の成分のみ。
- 化粧品基準にない成分で防腐すれば「防腐剤フリー」と言える。ただし配合量&刺激が増えがち。

CHECK 1

防腐剤フリーは裏ワザを使えば楽勝

「防腐剤フリー」は消費者ウケがよく、標榜したがる化粧品メーカーは少なくありません。

その方法は簡単。日本で防腐剤と呼ばれるのは「化粧品基準」に定めた成分のみ。でも、ほかにも防腐効果のある成分は多々あり、それを使えば防腐剤フリーと名乗れるのです。

化粧品基準に定めた防腐剤

日本で「防腐剤」と呼ばれるのは、化粧品基準に定めた成分のみです。それぞれ刺激の強さに応じて、配合できる上限濃度も決まっています。

「パラベン」「フェノキシエタノール」といった成分は刺激が低めなので、最も多くの配合が認められています。上限濃度が低い成分は、わりと刺激の強い防腐剤と言えます。また、「パラベンフリー」と書いてあっても、もっと刺激の強い防腐剤が入っているかもしれません。

成分名称	最大濃度（%）
安息香酸	0.2
サリチル酸	0.2
トリクロサン	0.1
パラベン類	1
フェノキシエタノール	1
イソプロピルメチルフェノール	0.1
塩化ベンザルコニウム	0.05
トリクロロカルバニリド	0.3
ヒノキチオール	0.1
ジンクピリチオン	0.01
ピロクトンオラミン	0.05
ブチルカルバミン酸ヨウ化プロピニル	0.02
メチルイソチアゾリノン	0.01

（主にスキンケア用として）

CHECK 2

結局、安心なのは普通の防腐剤入り

防腐剤フリーなのに消費期限がない化粧品は、「化粧品基準」にない成分で防腐しています。中には、精油や殺菌剤といった刺激の強い成分も。エタノールなどの比較的安心な成分もありますが、防腐効果を出すには高濃度にせざるをえず、普通の防腐剤より刺激が強くなりがちです。

かずのすけ語録

防腐剤フリーは言葉のマジック！普通の防腐剤が○

美白化粧品では肌は白くならない

過去はギャルとはわかんない
真っ白な肌になってやる……
※昔はガングロギャル
ギャルは黒歴史すぎる
あだ名はぶちあげ眉っぺ
1つ1万以上する
美白
WHITE 美白
BIHAKU

モーレツ美白女子

特徴

- 今、いちばん興味があることは「美白」
- 学生時代、顔グロだったことは忘れたい
- 帽子 & サングラス & 手袋は必需品

DATA

とにかく美白!

美白度：★★☆
潤い度：★☆☆
商品信奉度：★★★

ここがNGケア

美白＝肌が白くなるわけじゃない！「とりあえず美白をチョイス」は損をする

Check 1

美白化粧品の効果は「予防」。
肌はほとんど白くならない！

美白化粧品を使って、はっきりと「肌が白くなった！」と実感したことはありますか？

おそらく、ほとんどの人はないでしょう。それは当然の話。そもそも「美白」とは、**肌を白くするという意味ではない**のです。

美白とは本来、**紫外線による肌の色調変化を「予防」すること**。美白化粧品は肌を白くしたり、シミを消したりするものではありません。せいぜいシミ・くすみを予防したり、日焼けの回復を早めたりする程度の効果です。

Check 2

強い美白成分で肌が荒れたり
むしろ肌が黒くなったりも！

効果が高い美白成分は刺激も強く、肌荒れなどのリスクをはらんでいます。

しかも刺激を受けると、肌は自らを守る物質「メラニン」を作り、これを含む角質が肌表面に残ることも。つまり強い美白化粧品を使うと、刺激によってメラニンを含む角質が増え、**逆にシミや黒ずみができる場合がある**のです。特に敏感肌の人は刺激を感じやすく、メラニンも反応しやすいので要注意。使うなら、**シミを穏やかに予防する程度**の成分に。

 かずのすけ格言 美白化粧品の効果と刺激は比例する。

肌が黒くなる原因は紫外線だけにあらず！

ザックリまとめると……

- 紫外線などの刺激を受けると、皮膚を守る「メラニン」が作られ、肌が黒くなる。
- あらゆる肌刺激（紫外線、化粧品の刺激成分、摩擦など）はメラニンを生み、肌を黒くする。
- 肌表面のメラニンは「表皮全体」に含まれている。表面の角質だけを剥がしても白くならない。

CHECK 1

肌が黒くなる原因はあらゆる「肌刺激」

紫外線などの刺激を受けると、肌は「メラニン」という色素を作ります。メラニンは酸化すると黒くなり、これがシミ・黒ずみになります。

紫外線だけでなく、強めの化粧品や手の摩擦も肌には刺激です。刺激を受けるとメラニンが生成され、肌が黒くなる場合があるので注意を。

皮膚が黒くなるしくみ

紫外線などの刺激を受けると、肌の基底層にある「メラノサイト」が「メラニン」を生成します。基底層で新しく生まれた「細胞」は、メラニンを持って肌表面の角質層まで上昇。これが蓄積されるとシミになります。メラニンを含んだ細胞は、ターンオーバーが正常ならいずれ角質となって剥がれ落ちますが、メラニンは表皮全体に存在しているためピーリング等で表面の角質を多少剥がすだけでは肌が白くなることはありません。

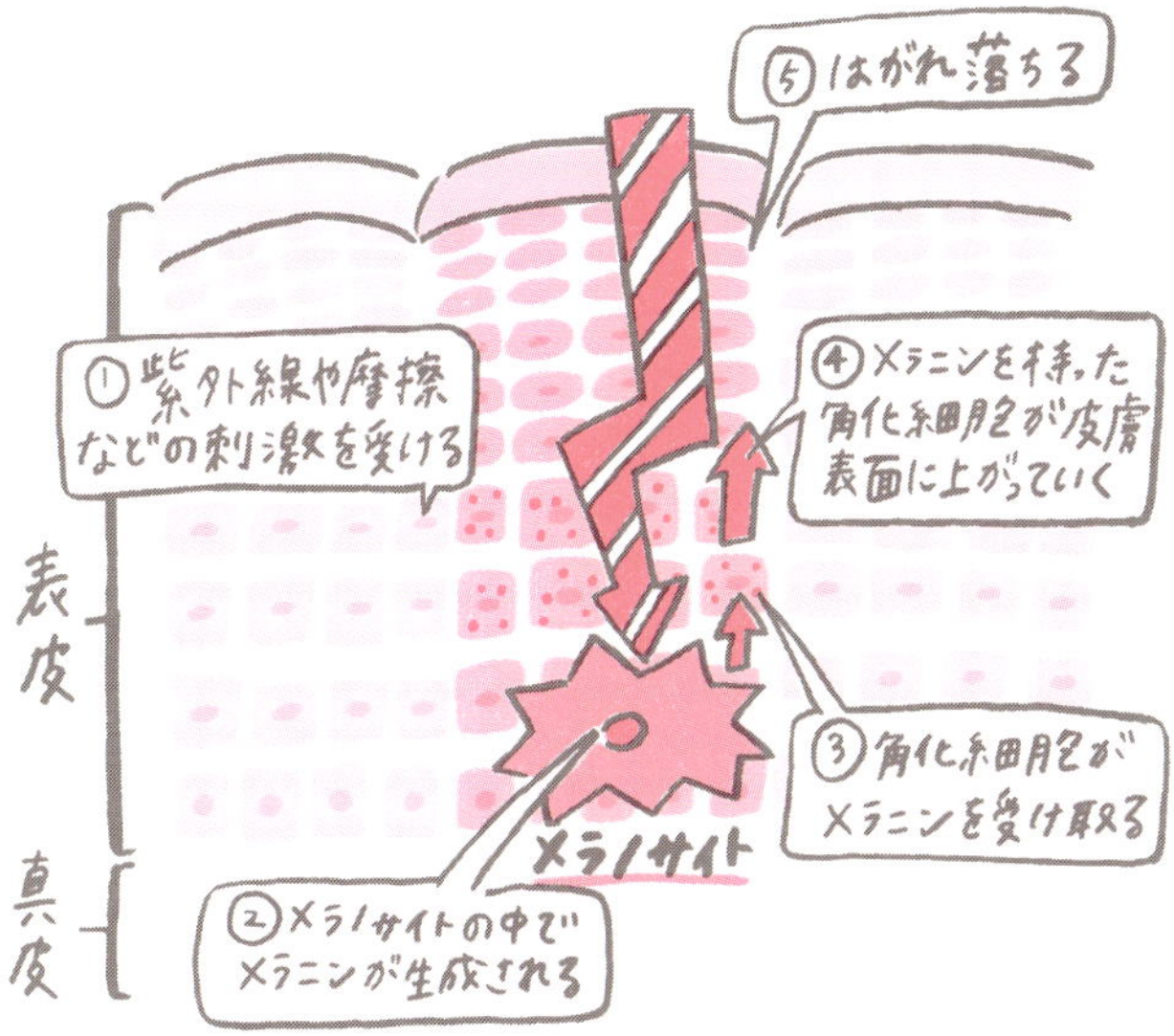

⑤はがれ落ちる
①紫外線や摩擦などの刺激を受ける
④メラニンを持った角化細胞が皮膚表面に上がっていく
表皮
③角化細胞がメラニンを受け取る
メラノサイト
真皮
②メラノサイトの中でメラニンが生成される

CHECK 2 若々しい肌に「メラニン」は必須

シミの元凶として嫌われがちな「メラニン」は、実は紫外線などのダメージから肌を守るために作られる物質。老化の最大要因でもある紫外線から肌を守るメラニンは、まさに〝天然のアンチエイジング物質〟。白人はメラニンをほぼ作れないので、黒人や黄色人種よりも肌の老化が早いのです。

かずのすけ語録

紫外線や肌刺激のブロックがいちばんの美白！

美白効果の真実とターンオーバー

ザックリまとめると……

- 美白とは、日焼けやシミなどを「予防」すること。美白化粧品で肌が白くなることは……ほぼない。
- 化粧品を使わなくても、日焼けや黒ずみは「ターンオーバー」で徐々に薄くなるのが普通。
- 塗ったそばから白くなる化粧品は一時的なもの。単なる「収斂《しゅうれん》成分」か「白い粉末成分」のせい。

CHECK 1

ターンオーバーで肌の黒ずみは戻る

人間の肌は「ターンオーバー」を繰り返しており、一定周期で新しく生まれ変わります。ですから、健康な肌なら、日焼けや黒ずみは放っておいても元に戻ります。

美白化粧品で「肌が白くなった」と感じても、それが化粧品とターンオーバーのどちらのおかげなのか厳密な判断は困難です。

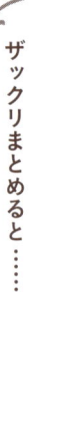

肌のターンオーバーとは

肌の「細胞」は皮膚の奥にある「基底層」で作られ、形を変えながら上昇していきます。それが肌のいちばん上にある「角質層」まで到達すると、死んだ細胞である「角質」は、新しい細胞に押し上げられて剥がれ落ちます。このように、細胞が生まれてから朽ちるまでの一連の周期を「ターンオーバー」と呼びます。

ターンオーバーのしくみ

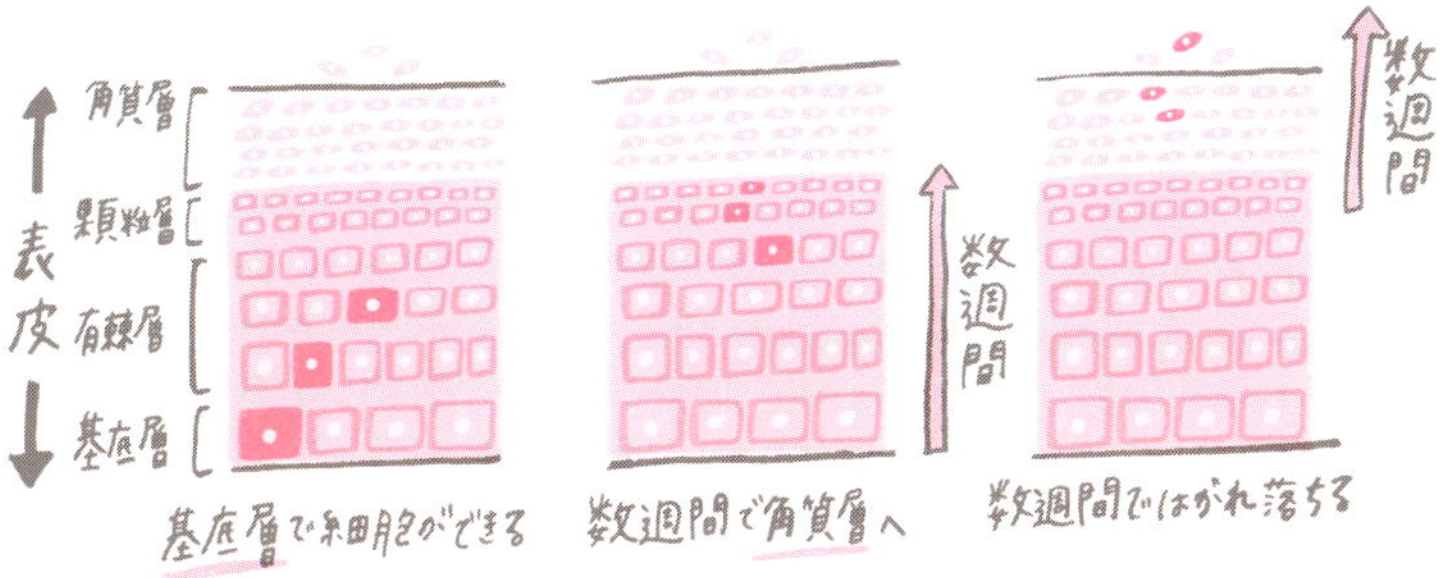

角質層
顆粒層
表皮
有棘層
基底層
数週間
数週間
基底層で細胞ができる
数週間で角質層へ
数週間ではがれ落ちる

ターンオーバーの周期には個人差があります。よく「28日」と言われますが、これはあくまで一般論。年齢とともに長くなると言われていますが、一方でターンオーバーの速度が遅くなることはないなど、諸説あります。

子どもの日焼け、何も塗らないのにすぐ元どおり

かずのすけ語録

CHECK 2

「塗った瞬間肌が白くなった！」

――なんていう化粧品の効果は一時的。カラクリはこうなっています。

①収斂。肌はタンパク質なので、タンパク質収斂作用のある成分を塗ると、一時的に毛細血管が収縮し、肌が白く見える。

②白い粉末成分。例えば、日焼け止めにも配合される酸化チタンなど。つまり日焼け止めの「白浮き」と同じ現象。

これだけわかれば万全！美白成分の3分類

ザックリまとめると……

● メラニンの生成を防ぐ成分（ルシノール、アルブチンなど）⬇作用が強いと肌に大ダメージも。

● メラニンの酸化・変色を防ぎ還元する成分（ビタミンC誘導体など）⬇高濃度なら有効だが刺激も。

● その他（m-トラネキサム酸、プラセンタなど）⬇特殊メカニズムでシミにアプローチ。

CHECK 1

美白成分の分類 全3タイプ

①【メラニン生成阻害型】メラニンを作るチロシナーゼ酵素の働きを阻害し、メラニン生成を防ぐ成分。

②【メラニン還元型】既存のメラニンが酸化して黒くなるのを防ぎつつ、色を還元して戻す成分。

③【その他】特殊なメカニズムで、メラニン蓄積を予防したり、角質の代謝活性をサポートしたりする。

美白成分の３タイプ

美白成分は主に3つのタイプがあり、次のような成分があります。自分の使っている化粧品に何が含まれているか見てみましょう。

主な作用機序	成分名	効果の程度	副作用の程度	備考
メラニン生成阻害（チロシナーゼ活性阻害）	アルブチン	弱	弱	メラニン生成を促すチロシナーゼの活動を阻害する成分。シミの生成を妨害するため予防効果はあるが、すでにできているシミを消す効果はない。アルブチンを含め短期作用は見込めないが長期継続で効果が見込める可能性あり。ただし同系統の成分で皮膚の白斑被害が発生した経緯あり。
	ルシノール	中	中	
	コウジ酸	弱	弱	
	エラグ酸	弱	弱	
	（ロドデノール）	強	強	カネボウ特許成分だが2013年白斑騒動により使用中止。
	（ハイドロキノン）	強	強	有効成分登録されていないが強い効果あり。美容皮膚科使用の皮膚漂白剤。刺激と白斑のリスクが大きい。
メラニン還元	L-アスコルビン酸	強	強	アスコルビン酸（ビタミンC）には強い還元作用があるため酸化によって黒くなったメラニンを還元して元に戻す効果が期待できるほか、メラニンの酸化を抑制できる。高濃度であればできたシミを薄めることも理論上可能。ビタミンCそのままは刺激が強いため別の成分と合体して誘導体化されたものが利用されている。
	3-O-エチルアスコルビン酸	中～強	中～強	
	リン酸-L-アスコルビン酸Na	中	中	
	リン酸-L-アスコルビン酸Mg	中	中	
	L-アスコルビン酸-2-グルコシド	弱	弱	最も配合商品数が多いビタミンC誘導体だが実際の効果は疑問視されており、稀に白斑の報告もある。
その他	プラセンタエキス	弱	弱	角質代謝促進等の効果が期待される。メカニズムは諸説あり。
	m-トラネキサム酸	弱	弱	肝斑に対する特異的効果あり。抗炎症剤にも利用。
	アデノシン一リン酸二ナトリウムOT	弱	弱	角質代謝促進によるシミの排出。
	リノール酸リポソーム	弱	弱	角質代謝促進。チロシナーゼ分解促進。
	ナイアシンアミド	弱	弱	メラニン転送阻害。
	カモミラET	弱	弱	エンドセリン情報伝達阻害。

CHECK 2

メラニン生成を阻害する成分に注意

紫外線のほか「皮膚刺激」はすべてメラニンを生むので、刺激の強い美白成分は肌を黒くすることがあります。敏感肌にはビタミンCも刺激になるため使用には注意を。ビタミンC誘導体なら比較的低刺激です。

最大の美白は、紫外線をはじめ、あらゆる肌刺激を避けることです。

かずのすけ語録

効果大の美白は刺激ありき。安全な美白は予防

合成界面活性剤は本当に悪者なのか？

コーヒーにも界面活性剤が……
もう何も信じられないよ……
元々自分しか信じていない
いつも飲んでいたコーヒー
すぐ被害者ぶる
アンチ界面活性剤女子

特徴

- 界面活性剤は悪いものと思い込む
- コーヒー好きで1日3杯は飲む
- 情報収集はネット中心

DATA

激しい思い込み

美白度：★☆☆
潤い度：★★☆
疑心暗鬼度：★★★

ここがNGケア

「界面活性剤」は恩恵も多い身近な存在。すべてを悪者扱いするのは失礼！

Check 1

水と油を混ぜられる物質はすべて「界面活性剤」。食品にもあり！

界面活性剤とは、簡単に言うと**「水と油を混ぜ合わせることができる物質」**です。水に馴染みやすい構造（親水基《しんすいき》）と、油に馴染みやすい構造（親油基《しんゆき》）をひとつの分子の中に持っていれば、界面活性剤と呼ばれます。身近だと「卵の黄身」も界面活性剤の一種です。

水分と油分が混ざっているものは、ほぼすべて界面活性剤入りと考えてＯＫ。化粧水や乳液はもちろん、コーヒーや牛乳など、あらゆる加工食品に界面活性剤が入っています。

Check 2

界面活性剤は４種類。種類によっては刺激ゼロ

じゃがいもの芽に含まれる「ソラニン」は、**神経毒を持つ界面活性剤**です。こうした天然の界面活性剤は多数存在しますが、ほぼ毒性や不純物があり、実用化されているのは**卵や大豆由来の「レシチン」**くらい。そのため化粧品の多くは合成界面活性剤を使っています。

界面活性剤には膨大な種類があり、**性質的に４種類に大別されます。**種類によって特徴が大きく異なり、刺激の強い成分もあれば、刺激がほぼゼロの成分もあります。

かずのすけ格言　界面活性剤なくして現代文明は維持できない。

化粧品は3要素でできている

ザックリまとめると……

- 液体状の化粧品はすべて、基本的に「水分」「油分」「界面活性剤」で構成されている。
- 化粧水、乳液、クリームといった化粧品のカテゴリは、水分・油分・界面活性剤の割合で変わる。
- 化粧品のカテゴリを決めるのは、水分・油分・界面活性剤の量の違いだけ。成分の厳密な差はない。

CHECK 1

どんな化粧品も基本は一緒

化粧品とは、水分&油分を界面活性剤で混ぜ合わせたもの。これに防腐剤や安定剤などを添加していくのが、基本的な作り方です。化粧水や乳液といった基礎化粧品はもちろん、洗顔料やクレンジング、ボディソープ、そしてシャンプーやトリートメントなども同じ構成で成り立っています。

化粧品の基本成分

液体状の化粧品は、水分・油分・界面活性剤で構成されています。水溶性成分、油性成分とは次のようなものを指します。

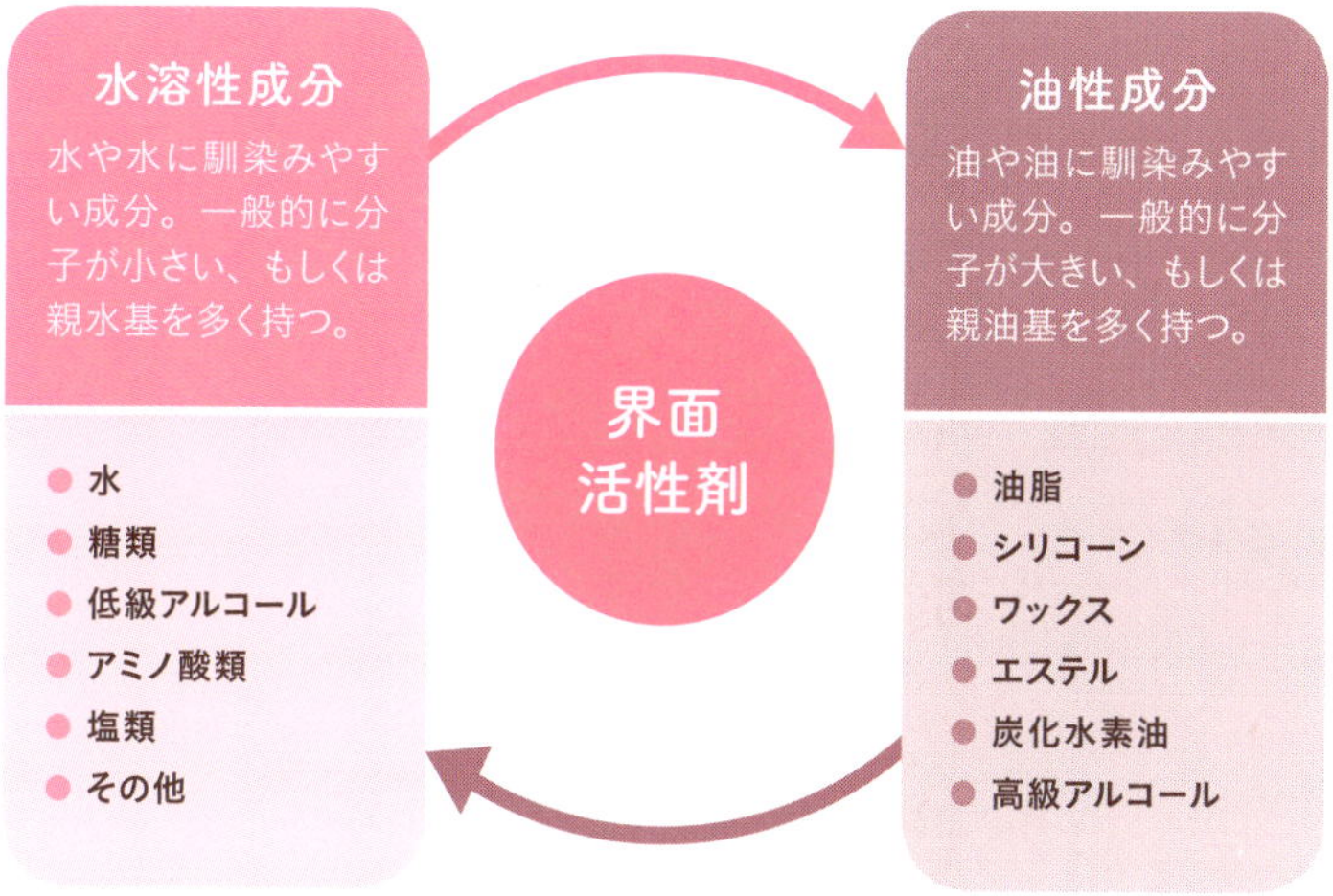
水溶性成分
水や水に馴染みやすい成分。一般的に分子が小さい、もしくは親水基を多く持つ。
水
糖類
低級アルコール
アミノ酸類
塩類
その他
界面活性剤
油性成分
油や油に馴染みやすい成分。一般的に分子が大きい、もしくは親油基を多く持つ。
油脂
シリコーン
ワックス
エステル
炭化水素油
高級アルコール

CHECK 2

化粧水をアレンジ→シャンプーに変身!?

化粧品の形態を決めるのは、水分・油分・界面活性剤の割合。成分の違いではありません。

化粧水は9割以上が水分ですが、界面活性剤を増やせばシャンプーになります。この構成に油分を増やせば、洗顔料が作れます。クリームは、水分と油分を多めの割合で混ぜて、界面活性剤で乳化させたものです。

かずのすけ語録

化粧水と大差ない乳液もゴロゴロ転がっています

化粧品の構成割合

化粧品の形態は、界面活性剤の濃度、水や油の割合によって変わります。成分の定義はありません。

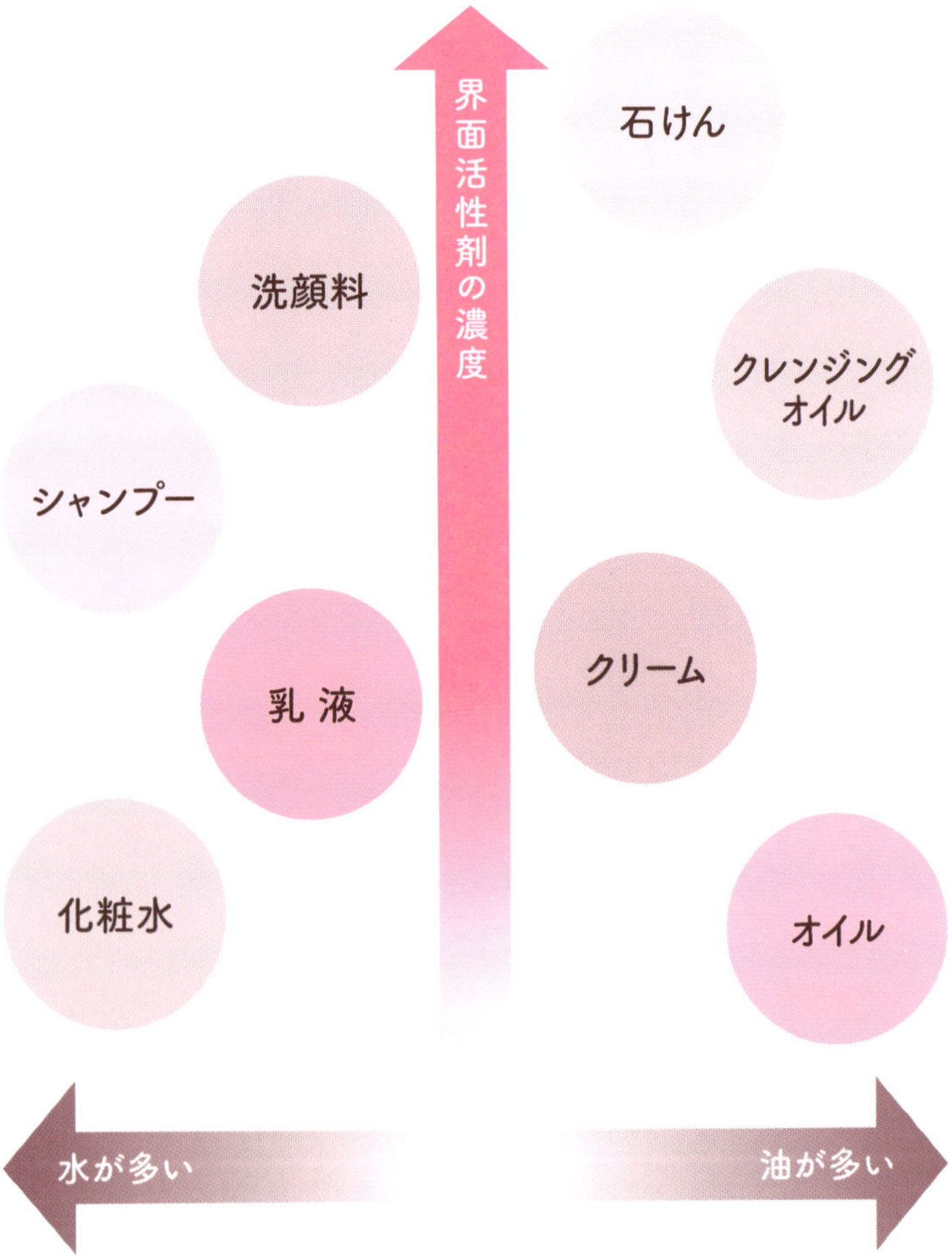

化粧品は３要素でできている

それぞれの化粧品は、水分・油分・界面活性剤が次のような割合で含まれています。割合が変わることで別の製品ができているのです。

商品	水	油性成分	水溶性成分	界面活性剤	その他
ほぼ水分 **化粧水**	90%	―	5～10%	0～2%	1%程度
水中に油分を少量加えるのみ **乳液**	80～90%	1～5%	5～10%	0～5%	1%程度
水中に多量の油分 **クリーム**	30～50%	10～30%	5～10%	1～10%	1%程度
ほぼ油分と界面活性剤 **クレンジングオイル**	―	80%以上	―	15～20%	1%程度
ほぼ水と界面活性剤 **シャンプー**	70～80%	1%程度	1～5%	10～20%	1%程度
ほぼ水と油分 **トリートメント**	70～80%	10～20%	5～10%	1～5%	1%程度

界面活性剤の毒性はタイプによって大違い！

ザックリまとめると……

- 界面活性剤は「陰イオン系」「陽イオン系」「両性イオン系」「非イオン系」の4種類に大別される。
- 肌に塗る化粧品には、刺激のない「非イオン系」が主に使われているので基本的に安心してOK。
- 洗浄作用の「陰イオン系」、柔軟作用の「陽イオン系」は刺激成分が多いが、優しい成分も増加中。

CHECK 1

界面活性剤の刺激は「静電気」

一部の界面活性剤に刺激がある理由は、主に「静電気」を生じるから。静電気を感じるとビリッと痛むように、人間にとって静電気は刺激です。気づかない間も静電気は日常のあちこちで発生しています。認識されない微弱な静電気も、積み重なれば肌の炎症やかゆみを招くことがあります。

界面活性剤の4タイプ

界面活性剤は、次の4種類があり、刺激度など全く異なります。

肌への刺激度

陽イオン系＞陰イオン系＞両性イオン系＞非イオン系

[刺激の強い界面活性剤]

陽イオン系 強毒性・高刺激性

陽イオン系は種類が少なく、刺激の強い「第4級アンモニウム塩」が主流。しかし、刺激の低い「第3級アミン塩」も比較的多く利用され始めている。

＊主に柔軟剤として利用され、リンスやトリートメントの主成分である。触れた対象にプラスの静電気を与える。殺菌消毒作用がある。

陰イオン系 低毒性・低刺激性

「石けん」「ラウレス硫酸Na」などが有名だが、最近では静電気を与える力を弱めた「アミノ酸系界面活性剤」「酸性石けん（カルボン酸系）」も誕生。

＊主に洗剤として利用され、シャンプーの主成分。触れた対象にマイナスの静電気を与える。アルカリ性で、洗浄力が増強する。

[刺激の弱い界面活性剤]

両性イオン系 ほぼ無毒性・無刺激性

ベビーシャンプーや食品にも使われるほど安全。酸性で柔軟剤、アルカリ性で洗剤になる。

非イオン系 ほぼ無毒性・無刺激性

洗浄補剤や食品添加物として利用される。非常に安全性が高いがすべて合成成分。親油性に優れ、脱脂力が高い。

CHECK 2

静電気を帯びない界面活性剤はほぼ無刺激

界面活性剤といっても4種類あり、刺激があるのはマイナスの静電気を与える「陰イオン系」と、プラスの静電気を与える「陽イオン系」だけ。

陰イオン系は洗顔料やシャンプーなどの洗浄剤に使われ、その際に発生する静電気を中和するために、柔軟剤やトリートメントとして陽イオン系が使われます。

かずのすけ語録

悪人もいれば善人もいる。界面活性剤も同じ

オーガニックコスメこそ毒があるという事実

自分が一番自然でいられる状態を作るっていうのが目標かな
1人で目標に向かって歩き出す
コットン
ノンシリコンシャンプー
麻100%のエプロン
素材の味ポトフ
お花大好き♪
オーガニックコスメ女子

特徴

- 食も化粧品もオーガニックが好き
- オーガニック素材の白シャツが5枚ある
- 環境問題に興味がある

DATA

オーガニック命

美白度：★☆☆
潤い度：★★☆
有機野菜にこだわる：★★★

ここがNGケア

植物の毒をナメていると痛い目に！ 敏感肌ならオーガニックは使用中止

Check 1

日本ではオーガニック コスメに定義なし

「オーガニック」とは元来、農薬や化学肥料を使わずに野菜を育てる「有機農法」のこと。ヨーロッパでは、**オーガニックコスメ＝有機栽培した植物から摂れる成分のみを使った化粧品**と定義され、認定機関も多数あります。

しかし日本では、認定機関も定義もなし。「植物由来成分がたくさん入った化粧品」というイメージですが、実は**植物エキスをわずか1種類入れただけ**で、オーガニックコスメを名乗る例もあります。

Check 2

植物の芳香成分には 刺激やアレルギー物質が

植物が香りを放つのはなぜでしょうか？ それは、害虫などの敵から身を守るのが大きな理由です。植物の芳香成分は、多数の化学物質でできており、構造的に**毒性（刺激やアレルギーリスク）を持つ**ものも多いのです。

この芳香物質が含まれているのが、オーガニックコスメに配合される**「植物エキス」**や**「精油」**。植物エキスは芳香物質の濃度が薄く、刺激も効果もほぼありません。しかし精油は、芳香物質だけを凝縮しておりリスク大です！

かずのすけ格言 花粉はイヤ、オーガニックは好きという謎。

ピュアなのは「天然」より「合成」の香料

ザックリまとめると……

- 天然香料（精油や植物エキス）に含まれる芳香成分は、たくさんの化学物質の複合体。
- 合成香料とは天然香料から特定のひとつの成分を取り出したorそれを化学的に作ったもの。
- 天然香料は多数の物質を含んでいる分、合成香料より刺激もアレルギーリスクも高い。

CHECK 1

植物の香り成分は化学物質の集まり

植物の芳香成分は、構成を分析すると「アルデヒド」「芳香族フェノール」「アルコール」など、数十種類もの化学物質の複合体です。これらの中には刺激やアレルギーリスクを持つものも。しかし、これを精油にすると「○○油」と一言で表され、消費者は詳しい中身もリスクもわかりません。

天然香料と合成香料

天然香料と合成香料の違いを理解し、精油にはさまざまな成分が含まれていることも知っておきましょう。

天然香料

天然香料（精油や植物エキスなど）には、植物から抽出した芳香成分が入っている。この芳香成分は数十、数百もの化学物質の複合体。たくさんの物質が混じっている分、アレルギーなどのリスクは高め。

合成香料

植物が持つ芳香成分から特定の化学物質だけを取り出したもの（単離香料）やその成分を化学的に合成したもの（合成香料）。ひとつの物質なので、アレルギーのリスクは天然香料より低め。

［ラベンダー精油中の主要化学成分（単位：%）］

成分名	濃度 min	濃度 Max
リナリルアセテート	25	45
リナロール	25	38
cis-β-オシメン	4	10
trans-β-オシメン	2	6
テルピネン-4-オール	2	6
ラバンデュリルアセテート	2	-
ラバンデュロール	0.3	-
3-オクタノン	-	2
1,8-シネオール	-	1.5
α-テルピネオール	-	1
リモネン	-	0.5
カンファー	-	0.5

アロマセラピーサイエンス（フレグランスジャーナル社）より引用、一部改変

合成香料は、このうちひとつの成分を「作る」こともありますが、通常は「単離」といって、化学処理によってひとつの成分だけを抽出します。ですから、実質的に天然精油よりも合成香料（単離香料）のほうが断然シンプルです。

CHECK 2

「合成香料」も原料は天然成分

前述のように、植物の芳香成分は多数の物質で構成されています。一方、その中の特定の物質のみを抽出したり、その成分と同じものを合成したりして作ったのが「合成香料」です。このように、合成といっても人間がゼロから作るのではなく、原料は天然香料と同じ植物の場合が大半です。

かずのすすめ語録

天然の植物成分が何種類も入った化粧品は避けて！

「植物エキス」と「精油」はココが違う

ザックリまとめると……

● 植物エキス＝植物の芳香成分&その他もろもろの成分を抽出し、溶剤で薄めたもの。

● 精油＝植物の〝芳香成分のみ〟を抽出したもの。

● 精油は効果も刺激も大。植物エキスは効果も刺激も少ないが「溶剤」が多いと刺激に。

CHECK 1

植物エキスと精油は成分からして別物

オーガニックコスメに配合される主な植物成分は、「植物エキス」と「精油（エッセンシャルオイル）」です。

植物エキスとは、植物の持つ芳香成分やその他もろもろの成分を抽出し、エタノールなどの溶剤で薄めたもの。一方の精油は、植物の〝芳香成分だけ〟を抽出したものです。

植物エキスと精油の違い

植物から抽出する成分は、植物エキスと精油に分かれます。

芳香物質
その他の物質

抽出

植物エキス

植物から芳香成分＆その他の成分を取り出し、溶剤（エタノール、BGなど）で薄めたもの。濃度が低い分、刺激は少なめだが、配合数が多いと溶剤が増えて稀に刺激も。

BGやエタノール等の溶剤

精油

植物の芳香成分だけを抽出したもの。濃度100%なので、肌への作用や香りによる癒し効果などは高い。それと引き換えに、刺激やアレルギーのリスクも高い。

芳香物質のみ

あやしい通販コスメに注意

最近は、誰もがネットでビジネスができる時代。知識を持っていない新興メーカーが、何種類もの精油や植物エキスを入れた化粧品を「オーガニック」「無添加」などと言って、主に通販で販売しています。優秀な化粧品メーカーは植物原料のリスクを知っており、厳選素材を適正量のみ使うものです。これらのコスメには十分ご注意を。

CHECK 2

エキス＝存在感薄め 精油＝パワー炸裂！

植物エキスも精油も、植物成分をそのまま使っているので、天然特有の「刺激物質」が残っている可能性があります。

ただし植物エキスは濃度が低いので、リスクも効果も低め。一方、精油は芳香物質100%。肌への作用や香りの効果に優れていますが、刺激やアレルギーリスクも大きいと言えます！

かずのすけ語録

植物エキスはイメージ成分。ほぼ意味はない

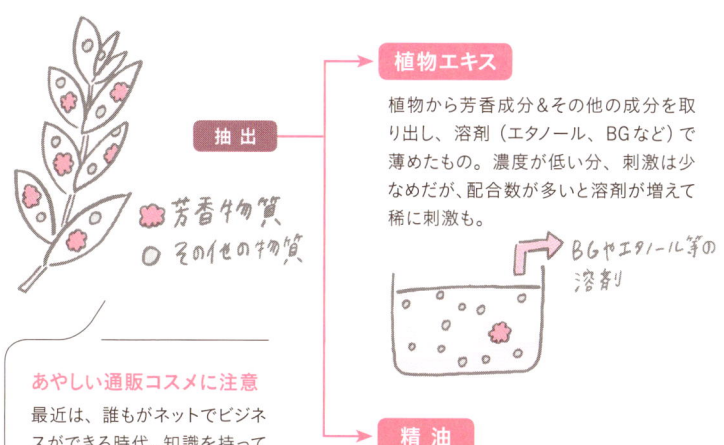

ほとんどの肌トラブルは“洗い過ぎ”を疑え

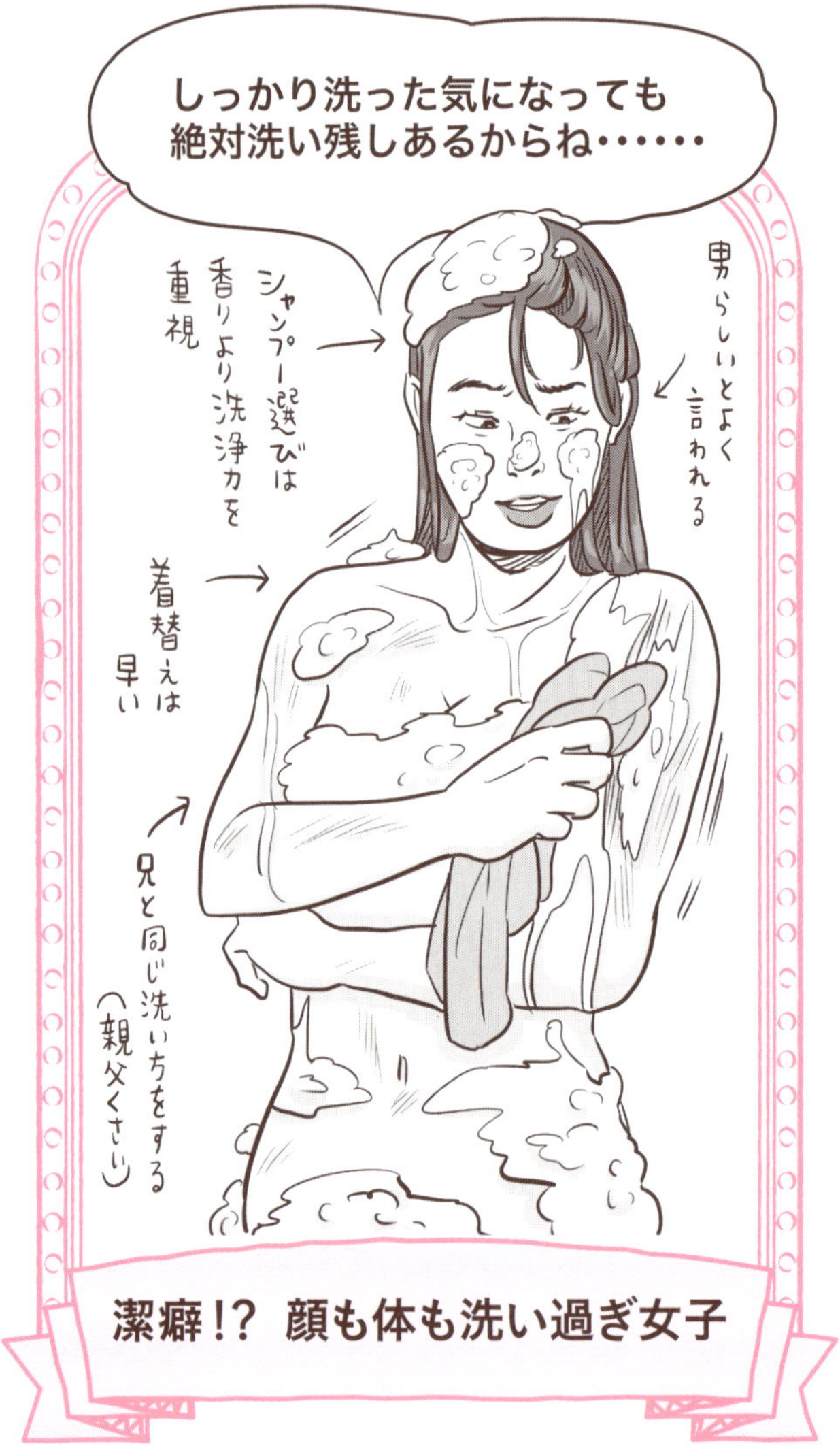
しっかり洗った気になっても
絶対洗い残しあるからね……
シャンプー選びは香りより洗浄力を重視
男らしいとよく言われる
着替えは早い
兄と同じ洗い方をする(親父くさい)
潔癖!? 顔も体も洗い過ぎ女子

特徴

- 朝も夜もしっかり洗顔主義
- 洗い残しは絶対許さない
- 友だちが口をつけたものは飲めない

DATA

大切なのは洗顔

美白度：★☆☆
潤い度：☆☆☆
そのわりに
油っぽい：★★★

ここが NG ケア

美肌のカギは、肌が自ら分泌する潤い成分。洗い過ぎは〝お宝を捨てている〟も同然！

Check 1

皮膚を守っているのは肌自らの潤い&バリア物質

角質や汚れのないスベスベ肌を目指し、顔をやたらと洗う女子に忠告があります。ほとんどの肌トラブルは**洗い過ぎが元凶**です。

人間の肌には、**保湿成分「天然保湿因子（NMF）」**、**バリア成分「細胞間脂質（主成分：セラミド）」**が存在し、その上を**「皮脂」**が覆って蒸発を防いでいます。この3要素が正常に分泌されていれば、肌はおのずと健やかに整うもの。しかし過剰な洗顔は、必要な天然保湿因子やセラミド、皮脂も洗い流すのです。

Check 2

潤い&バリア物質が減ると乾燥肌、脂性肌、肌荒れなどに

天然保湿因子、セラミド、皮脂が失われていくと、**皮膚のバリア&保湿を司るシステム**が正常に機能しなくなります。結果、肌が乾燥するほか、乾燥を防ぐために油分が過剰に分泌される**「脂性肌」**や、刺激に弱い**「敏感肌」**になることもあります。

これを防ぐには、まずは過剰な洗顔をやめること。そして、**「カルボン酸系」**や**「アミノ酸系」**といった洗浄力のマイルドな洗顔料で優しく洗うと効果的です。

美肌を叶える洗顔料の選び方

ザックリまとめると……

- 肌の「天然保湿因子」「細胞間脂質（セラミド）」「皮脂」が、刺激や乾燥から皮膚を守っている。
- これらの3要素を適度に残すことが、美肌作りの基本。洗顔料はマイルドなものを選ぶべし。
- マイルドな洗顔料としては、「カルボン酸系」や「アミノ酸系」のものがおすすめ。

CHECK 1

健やか肌の秘訣は“マイルド洗顔”

刺激や乾燥から肌を守っているもの。それは、私たちの肌に存在する「天然保湿因子」「細胞間脂質（主成分：セラミド）」「皮脂」です。美しく健やかな肌では、これらが正常に分泌されています。

洗顔は、これらの3要素を適度に残すように優しく行います。それが美肌作りの絶対条件です。

各洗浄成分の洗浄力イメージ

洗浄成分の強弱を知っておくと、洗顔以外でも、ボディソープやシャンプー、リンスなどを選ぶときに使えます。

洗浄力＆刺激弱い → 洗浄力＆刺激強い

- コカミドプロピルベタイン
- ココアンホ酢酸Na
- ココイルグルタミン酸Na
- ラウロイルメチルアラニンNa

→ とても低刺激だが洗浄力は非常に低い

- ラウレスカルボン酸Na
- ココイルメチルタウリンNa
- スルホコハク酸Na

→ 低刺激ながら高めの洗浄力を持っている

- カリ石けん
- 石けん
- ラウレス硫酸Na
- オレフィンスルホン酸Na
- ラウリル硫酸Na

→ 洗浄力と刺激性が強く肌に負担になる

［「カルボン酸系」と「アミノ酸系」の見極め方］

成分表示の上位に、以下の成分名が記載されていれば「カルボン酸系」または「アミノ酸系」と判断できます。

カルボン酸系洗浄成分	● ラウレス（4/5/6）カルボン酸Na ● ラウレス（4/5/6）酢酸Na
アミノ酸系洗浄成分	●「ラウロイル〜」or「ココイル〜」 ＋ メチルアラニンNa／グルタミン酸Na／アスパラギン酸Naなどのどれか

アミノ酸系は洗浄力がより控えめ。洗浄力の高い石けんなどを使っている人、油分分泌の盛んな人は、まずはカルボン酸系がおすすめ。その後、使用感によってはアミノ酸系に移行してもOK。

CHECK 2

洗顔料はカルボン酸orアミノ酸系が◎

市販の洗顔料の多くは、基本的に洗浄力がかなり強め。肌トラブルのほとんどは洗い過ぎが原因なのです。それを解決するのが、「カルボン酸系」「アミノ酸系」といった優しい洗浄成分の洗顔料。人によっては1年以上かかりますが、早ければ1カ月で肌の悩みが改善する人もいます。

かずのすけ語録

美肌作りの第一歩は洗い過ぎないこと

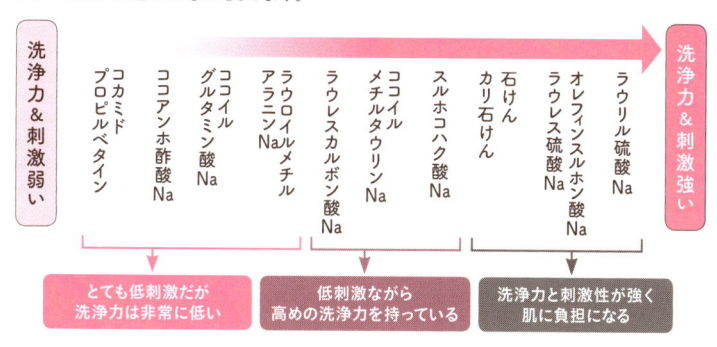

石けんは洗浄力も刺激もパワフル

いちばん石けんがいいんだよ
一周してそれに気づいたの
そんなに言うほど色々試していない
父親ゆずりですごい頑固
誰より手馴れた泡立て方で泡を作る
無●良品

石けん使用オンリー女子

特徴

- 頭からつま先まで、石けんで洗う
- 可愛い形の石けんを集めるのも好き
- 敏感肌だからこそ、と石けんを使っている

DATA

使うのは石けんのみ

美白度：★★☆
潤い度：☆☆☆
こだわりの泡作り：★★★

ここがNGケア

「石けん」の優しさは〝幻想〟。敏感肌なら肌荒れも大いにありえる

Check 1

〝石けん＝優しい万能洗剤〟は消費者の思い込みだった！

「界面活性剤は怖いから、無添加石けんが安心よね～」というナチュラル派女子は少なくありません。ですが石けんは、アルカリ剤と油脂を化合して作られる**〝代表的な界面活性剤〟**です。

ただし界面活性剤は、必ずしも悪くありません。ここで伝えたいのは、**石けん自体が決して肌に優しくない**という真実。そして、多くの消費者が「昔からある石けんなら安心」と信頼しきっているという問題です。

Check 2

石けんの「アルカリ性」は乾燥&刺激を誘発しやすい

人の肌は「弱酸性」です。そして刺激や乾燥を防御するため「天然保湿因子」「細胞間脂質（セラミド）」「皮脂」を分泌しています。

一方、**石けんは「アルカリ性」**なので肌にとっては刺激であり、敏感肌だと肌荒れすることもあります。アルカリ性により**肌バリアに必要な皮脂に対する脱脂力も強く**、洗いすぎると乾燥によって皮脂腺が活発化して皮脂が出やすい肌質になってしまう場合もあります。

かずのすけ格言　古きよきものが優しいとは言えない。

石けんって、そもそも何者？

ザックリまとめると……

- 「石けん」とは、油脂&アルカリ剤を化合して作る代表的な陰イオン界面活性剤。
- 原料の「水酸化Na（苛性ソーダ）」などは危険物質。
- 成分表での表示法は4種類。一見すると石けんと気づかない表示や、詳しい構成が不明な表示も。

CHECK 1

石けんの原料と成分表での表示名

石けんとは、「油脂」に水酸化ナトリウム（苛性ソーダ）、水酸化カリウムなどの「アルカリ剤」を加えて作る化合物です。成分表では「石けん素地」などと書かれる場合や、全部の原料が列記される場合など、4種類の表示パターンがあります。

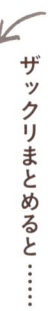

「石けん」の成分表示４パターン

昔ながらのシンプルな石けんは１の表示パターンが多め。これだと石けんであることは一目瞭然ですが、詳しい構成はわかりません。市販の洗顔料やボディソープはだいたい３。この場合、成分表上位に「水酸化Na（ナトリウム）」か「水酸化K（カリウム）」があれば、8割がた石けんです。２と４は少数派と言えます。

石けん

1 石けんとそのまま書く

・石けん素地（固形石けん）
・カリ石けん素地（主に液体）
・カリ含有石けん素地

2 石けんの化学名を書く

【固形】	【主に液体】
・ラウリン酸Na	・ラウリン酸K
・ミリスチン酸Na	・ミリスチン酸K
・ステアリン酸Na	・ステアリン酸K
・パルミチン酸Na	・パルミチン酸K
・オレイン酸Na	・オレイン酸K

3 石けんの原料に分けて書く

「脂肪酸＋強アルカリ剤」
・ラウリン酸、ミリスチン酸、ステアリン酸、水酸化Na、……
・オレイン酸、ミリスチン酸、ステアリン酸、水酸化K、……

4 油脂とアルカリ剤に分けて書く

「油脂＋強アルカリ剤」
・ヤシ油、水酸化Na
・パーム油、水酸化Na
・オリーブ油、水酸化K
・馬油、水酸化K

CHECK 2

石けんの原料は超危険な劇薬！

石けんの原料である「水酸化ナトリウム（または水酸化カリウム）」は、触れれば肌が溶け、目に入れば失明もありえる劇薬です。むろん化学反応後は別の物質になるので、市販の石けんは安全ですが、「合成洗剤は硫酸などの危険物質が原料だから石けんが安心」という主張はズレています。

かずのすけ語録

石けんは優しい？昔からの先入観とイメージ戦略です

石けんはメリットより
デメリットが多い

ザックリまとめると……

- 石けんは「アルカリ性」。弱酸性の肌にとっては刺激であり、敏感肌の人は肌荒れすることも。
- 洗浄力が強すぎるため、肌に必要な潤い＆バリア物質まで奪い、乾燥肌になることが。
- 肌を一時的にアルカリにするため、過剰に使うと皮膚や常在菌の機能が乱れ、肌トラブルを招くことも。

CHECK 1

石けんの短所①
アルカリ性

人間の肌は弱酸性。一方、石けんは「アルカリ性」で脱脂力が強く、肌に必要な皮脂まで奪いがちです。石けんで洗いすぎると、乾燥肌になることがあります。

肌を守る「皮膚常在菌」は弱酸性環境が最も得意。アルカリ性の石けんを過剰に使うと、良い菌の生育を阻むことに。

石けんの長所＆短所比較

アルカリ性の石けん。長所と短所、それぞれ確認しておきましょう。

長所

洗浄力

◎ 洗浄力が強く、皮脂や垢をしっかり落とせる。

刺激性

◎ 分解が早いので肌に残留しても残留刺激は少ない。

短所

洗浄力

× 脱脂力が強く、肌に必要な潤い＆バリア物質まで洗い流してしまうので、乾燥しやすい。

刺激性

× 弱酸性の肌にとってアルカリ性の石けんは相性が悪く、洗浄時の刺激は強め。特に皮脂が不足している敏感肌やアトピー肌には大きな負担に。

CHECK 2

石けんの短所②　タンパク質変性

肌はタンパク質でできています。そして、肌の潤い成分「天然保湿因子（ＮＭＦ）」を生成するのもタンパク質です。

しかし石けんには強い「タンパク質変性作用」があります。眼に入って眼が痛むのは眼粘膜のタンパク質に作用しているからです。

かずのすけ語録

オトナ女子なら石けんはもう卒業しては？

手作りコスメは不審物として警戒すべし

これ手作りできちゃうんだぁ
じゃぁ作った方が安心だよね～
昔から人に何かあげたがる
人の好みをリサーチするのが好き
家のクッションも自分で作った
お気に入り手作りコスメブログは毎日チェック

恐怖！
手作り化粧品プレゼント女子

特徴

- 化粧水はネットで調べて手作り
- 作った石けんは友だちへのプレゼント
- 作ったものはSNSで発信中

DATA

手作り大好き

美白度：★★☆
潤い度：★☆☆
オリジナリティーを追求：★★★

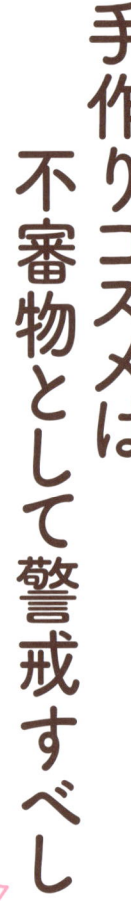

ここが **NG** ケア

手作り化粧品は、雑菌と危険の宝庫！一大事もありえると自覚すべき

Check 1

衛生面や配合濃度をコントロールできない

市販の化粧品は徹底的に衛生管理されており、防腐設計も**未開封で3年以上が基本**。同じことを、手作りでできますか？　雑菌の混入は必至で、ほかにも何が入るかわからず、リスクを予測できません。自己満足で作るのは自由ですが、**人に使わせるのは言語道断！**

手作りローションによく使われる「尿素」や「ビタミンC」、「緑茶」のタンニン、「日本酒」のエタノールなどには刺激があり、**濃度を正しく調整しないと肌荒れする**ことがあります。

Check 2

手作り石けんは禁止レベル！原料の「苛性ソーダ」は劇薬

手作り化粧品の中でも、特に危険なのが**石けん**です。石けんの原料である**「水酸化ナトリウム（苛性ソーダ）」や「水酸化カリウム」**は、濃度1％でも触れたら肌が溶け、目に入れば失明のおそれもある劇物。「ソーダ」という美味しそうな名前に安心してはダメです！

きちんとした工場なら、100％無害化できる濃度に調整できますし、仮に残留しても除去する技術があるので問題ありません。しかし、一般の家庭や素人では大変危険です！

かずのすけ格言　手作りこそ何が入っているかわからない。

汚れ吸着系の洗顔料で「インナードライ肌」に!?

泥や火山灰に頼るテカリ女子

特徴

- スクラブ洗顔が好き
- 週に1回、自宅でピーリング
- 目指すはつるっとたまご肌

DATA

洗顔料にこだわり

美白度：★★☆
潤い度：★☆☆
しっとりより
ツルツル派：★★★

ここが
NGケア

スクラブ、泥、火山灰の洗顔料は肌の〝潤い泥棒〟！　中には危険成分も

Check 1

吸着系の洗顔料は必要な潤いまで容赦なく奪う

イチゴ鼻やテカリに悩む女子が手を出しがちなのが、**スクラブ、泥、火山灰などの吸着系洗顔料**。これらの多くは、ただでさえ洗浄力の強い石けんに、汚れを取り除く成分をプラスしたもの。**必要な皮脂や潤いまでゴッソリ奪う**ので、肌がどんどん乾燥し、それを補うために皮脂が分泌されていきます。

つまり、肌の中は乾燥しているのに、表面は脂ぎってテカテカという**「インナードライ肌」**につながってしまうのです。

Check 2

健康や環境の面で問題アリな成分も

洗顔料の中で避けてほしいのが**火山灰入りのもの**。火山灰の表面には穴がたくさんあり、そこから汚れを吸着できるのは事実です。しかし、**火山灰は先がとがった構造**で、目に入ると網膜を傷つけるおそれがあります。実際に被害者も出ており、国民生活センターも火山灰入り洗顔料について警告しています。

また、スクラブ洗顔料によく配合される**合成樹脂系のビーズ**は、下水にたまると分解できないため、環境的にＮＧと言われています。

かずのすけ格言　油分を必死に取るほど、油分は必死に増える。

酵素洗顔が「肌バリア」を破壊する

酵素パワーって肌荒れ
治るのかな……酵素頼みだわ……
今日優しくしてくれた男の人のこと考えてる
流行はとりあえずおさえておきたい
泡立て過ぎた
酵素ウォッシュ
パパイン
パパイン酵素で肌ボロボロ女子

特徴

- しっかりメイクを落としたい
- 「酵素」という言葉が魅力的
- 月3冊女性誌を購読している

DATA

興味は流行りもの

美白度：★★☆
潤い度：★☆☆
酵素への信頼度：★★☆

ここが NG ケア

酵素洗顔は汚れも肌も「分解」する！マックスでも週１回までに

Check 1

酵素の分解作用が肌バリアまでも分解する

汚れや角質がよく落ちると人気の「酵素」入り洗顔料。酵素とは**「分解作用」**を持つ成分です。皮膚の汚れは「タンパク質」なので、タンパク質分解酵素が入った洗顔料や洗濯洗剤を使うと、汚れがよく落ちるというしくみ。

ところが、汚れだけでなく、実は**肌もタンパク質**なのです。つまり酵素洗顔は、汚れと一緒に肌も分解するということ。頻繁に行なうと、肌表面にある**バリア機能「角質層」も分解され**、肌トラブルや敏感肌に……。

Check 2

酵素のタンパク質でアレルギー発症のおそれも

さらに言うと、実は**酵素そのものも「タンパク質」**。しかし、タンパク質にはアレルギー発症リスクがあるのです。数年前に、お茶の石けんでアレルギー被害が続出しましたが、あれは小麦由来のタンパク質が原因でした。

酵素としてよく使われる**パパイン**も、最近の研究でアレルギーリスクが指摘されています。類似成分では**「プロテアーゼ」「タンパク質分解酵素」**などと書かれている場合もあるので、注意して見てください。

かずのすけ格言　酵素洗顔料のデイリー使いは肌の破壊行為。

食べられるものなら肌に塗っても安心……なわけない！

レモンとハチミツとかヤバイ女子力高くな〜い？
あとで紅茶に入れてインスタにアップする
チヤホヤされたい
すぐなめる
ハチミツだから食べてキレイに…一石二鳥と思ってる
ビンの可愛さで選んだ
インスタ用ハチミツスプーン

食品でスキンケア女子

特徴

- 食品を使ったケアがいちばんだと思っている
- 台所にある食用オイルを少し洗面所に置く
- ひび割れ唇にははちみつを塗る

DATA

オイルでケア！

美白度：★★☆
潤い度：★☆☆
食べ物なら安心：★★★

ここがNGケア

食用オイルは化粧品代わりにならず！ 体に良い食品も、肌にはむしろ敵

Check 1

食用オイルに含まれる「不純物」が肌刺激に

食用のオリーブオイルやココナッツオイルなどを、保湿やクレンジングに使う女子がいます。「口に入れる物は、肌に塗っても安心」という考えのようですが大間違いです。

天然の油は**さまざまな不純物**を含んでいます。化粧品として販売するオイルは、安全のため不純物を取り除きます。しかし「味覚物質」は不純物の中に含まれるため、食用オイルは不純物をある程度残します。**この不純物が、肌に塗ると刺激になるのです。**

Check 2

太りにくい油は肌に塗ると〝老化促進剤〟に!?

ちなみに、昨今の「オメガ3」ブームで話題なのが**エゴマ油やアマニ油**。これらは食べてもすぐに「分解」されるので、体内に蓄積されにくく、食用としては優秀です。

しかし顔に塗ると、肌の上で分解してしまうのが問題です。化粧品で肌が刺激を感じるのは、この分解という反応のせいなのです。オイルの分解は**「酸化」**と呼ばれ、**老化促進の原因です**。だから化粧品に使われるオイルは、**酸化しにくいシリコーン油**などが多いのです。

かずのすけ格言　食品が安心？　醤油を塗っても肌荒れしないと？

油には「食用グレード」と「化粧品グレード」がある

ザックリまとめると……

- 天然の油には「不純物」が含まれ、これを取り除く「精製」という工程を経て商品化される。
- 油は不純物の精製度により【医薬品グレード〉化粧品グレード〉食用グレード】に分類される。
- 食用オイルはいちばん不純物が多い。食べても平気な不純物だが、肌に塗ると刺激を伴うことが。

CHECK 1

食用オイルには不純物が残っている

天然の油には「不純物」が含まれます。医薬品や化粧品用のオイルは安全第一なので、これをしっかり取り除きます。

他方、食用オイルは、毒性物質は取り除きますが、ある程度の不純物は残します。なぜなら「味覚物質」は不純物に含まれるので、100%取り除くと味がなくなるからです。

油の精製は3グレード

油の適切な精製レベルは用途によって異なり、3つのグレードに分類されています。医薬品は人命に関わるものなので、オイルの精製も最高グレードの厳格さがあります。次いで精製グレードが高いのが、肌の安全が絶対の化粧品用オイル。美味しさ重視の食用オイルは、ゆるめの精製グレードです。

低　食用グレード

「味」が最も重要

- 味や風味、栄養になる不純物をわざと残した油で、最も純度が低い。
- 胃で分解できるので、多少の刺激物や毒物は無視できる。

↓ 精製

中　化粧品グレード

「安全性」が最も重要

- 肌への刺激になる不純物をほとんど除去してある。
- 皮膚では不純物が消化できないので、酸化時や接触時は刺激になる。

↓ 精製

高　医薬品グレード

化粧品より純度アップ

- さらに精製して、わずかな不純物すら取り除いた油。
- 医療用に用いられるため、最も純度が高く、安定性を重視。

CHECK 2

食べてよい不純物も肌に塗ると刺激に

オイルの種類は、不純物の精製度が高い順に「医薬品グレード」「化粧品グレード」、そして最下位の「食用グレード」に分かれます。

食用グレードの不純物は、もちろん食べても害はゼロ。しかし食べる分にはOKな不純物も、肌に付着すると刺激になるものが多いのです。

かずのすけ語録

食べてOK＝肌に塗ってOKではありません

クレンジング剤はミルクより「油脂」が正解

特徴

- オイルクレンジングはよくないと昔聞いた
- インナードライ肌なのが悩み
- 几帳面でしっかり丁寧に洗う

DATA

ミルクで安心

美白度：★★☆
潤い度：★☆☆
デパコス店員の助言を信じる：★★★

ここがNGケア

オイルクレンジング＝乾燥は誤解！「油脂」なら、しっとりモチモチ肌に

Check 1

ミルクやジェルは
知らぬ間に肌に負担をかけがち

ここ数年「オイルクレンジングは肌が乾燥する」という説が広まり、**ミルクやクリームのクレンジングが人気**のようです。

たしかにミルクやクリーム、ジェル、リキッドなどは洗浄力が優しめ。ただし、その分**メイクを落とすのに時間がかかる**ため、気づかぬうちに**必要な潤い**まで洗い流していることが多いのです。また肌を長くこすると、皮膚には大きな負担がかかるため、肌荒れする人も少なくありません。

Check 2

NGなのは鉱物油。
油脂は乾燥知らずの優良オイル

世間でNGと言われているクレンジングオイルは、正確には**「ミネラルオイル（鉱物油）」**のこと。これは刺激のない安全なオイルですが、たしかに脱脂力が強く乾燥します。

しかし同じオイルでも、**動植物から摂れるオイルである「油脂」**は別。油脂は人間の「皮脂」に構造が近く、肌に塗ると皮脂と馴染んで潤いを守ります。メイク汚れはしっかり落とすのに、乾燥は一切しない優秀オイルです。ただし、**酸化しにくい油脂**を選びましょう。

かずのすけ格言　クレンジングオイルも千差万別。

種類別・クレンジングの特徴

ザックリまとめると……

- オイル系⬇洗浄力◎だが、ミネラルオイルは肌が乾燥する。潤いを守る「油脂」がおすすめ。
- ミルク・クリーム系⬇洗浄力弱め。クリームはそれなりの洗浄力だが、水に弱く浴室で使いづらい。
- ジェル・リキッド系⬇油分がほぼなく、よくこすらないとメイクが落ちないため、肌への負担に。

CHECK 1

ウォーターベースは低洗浄力なのに乾燥

リキッドやジェル系のクレンジングは、水と界面活性剤がベース。油分をほぼ含まないので、洗浄力は圧倒的に弱めです。そのためメイクを落とすのに時間がかかり、意外にも肌の潤いまで洗い流しがちです。手で長くこするので、皮膚に負担となり肌荒れする人も。メリットは少なめです。

クレンジングの種類による洗浄力と肌負担

クレンジングは種類によって、メイクを落とす洗浄力と、肌への負担に違いがあります。

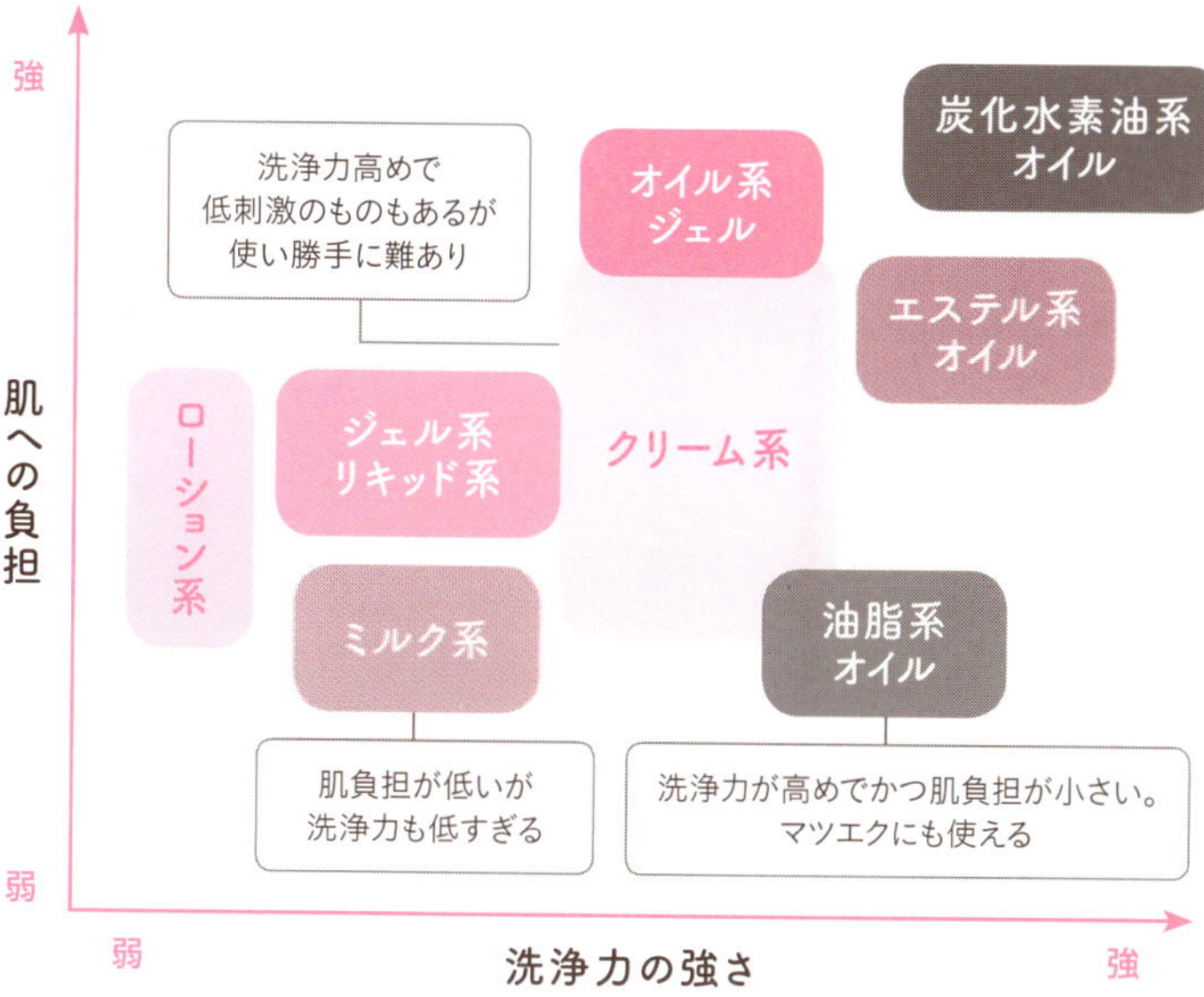

上の図は、右に行くほど洗浄力が高く、上に行くほど肌への負担が強くなります。炭化水素油系（主にミネラルオイルや水添ポリイソブテンなど）は、洗浄力が非常に高く、かつ肌負担も大きいので注意を。油脂系は洗浄力が高めにもかかわらず、肌負担は小さいのでおすすめ。お風呂場で使え、さらにマツエクにも使用できます。

CHECK 2

洗浄力のあるクリームはやや不便

クリームクレンジングはそれなりの洗浄力ですが、ミネラルオイルが主成分のものが多く、この場合は乾燥します。

クリームはメイクの油分と混ざることで、水分ベースから油分ベースに転層し、メイクを落とします。しかし浴室で使用すると湿気の影響でこの作用が失われます。

かずのすけ語録

敏感肌なら特にジェル系は避けるのが無難

油脂クレンジングの失敗しない選び方

ザックリまとめると……

- クレンジング剤は「油脂」ベースが◎。肌の皮脂に構造が近く、洗顔後も乾燥知らず。マツエクも可。
- ただしゴマ油やアーモンド油などの酸化しやすい油脂はNG。
- 酸化しにくい油脂（マカダミアナッツ油、アボカド油、アルガンオイル、米ぬか油など）が最適。

CHECK 1

「油脂」って一体何なのか??

油脂とは、動植物から摂れるオイルのこと。人間の「皮脂」も主成分は油脂なので、もし肌に残留しても保湿成分となってくれます。メイク汚れはきちんと落とし、必要な潤いは残します。

ただし酸化した油は皮膚刺激を生むので、マカダミアナッツ油などの酸化しにくい油脂を選びましょう。

各オイル成分の油性の強さ

それぞれのオイル成分の強さを並べてみました。

弱 → 強

- 水添ポリイソブテン
- ミネラルオイル
- ジメチコン
- ワセリン
- 合成エステル
- ワックス
- ホホバ油
- 油脂
- セタノール
- 高級アルコール（ステアリルアルコールなど）
- 高級脂肪酸（ステアリン酸など）

油脂 → **油脂としての性質がちょうど良く、肌本来の油分のひとつでもある。**

水添ポリイソブテン〜合成エステル、ワックス → **油の性質が強く、肌の油分も溶かし込んでしまう。**

● 酸化しにくい油脂

マカダミアナッツ油、アボカド油、アルガンオイル、米ぬか油など

➡ 酸化しにくい一価不飽和脂肪酸を多く含み、酸化しやすい多価不飽和脂肪酸が少なく、抗酸化作用のビタミン類が多いなどの特徴がある。

酸化した油は皮膚への刺激物質を生成し、肌荒れの原因になるので酸化しにくい油脂を選ぶようにします。中でもマカダミアナッツ油、アボカド油は、年齢とともに減る「パルミトレイン酸」が豊富で、アンチエイジングにも◎です。

CHECK 2

油脂クレンジングが乾燥しない理由

油性の強い油は他の油分を溶かし込む力に優れているためこれを肌に塗ると肌の潤い成分である「皮脂」もメイクと一緒に奪われてしまいます。

しかし同じ油でも「油脂」は皮脂と構造が似ているため、肌に塗っても皮脂が仲間として受け入れます。皮脂が外に逃げないので乾燥しません。

かずのすけ語録

油脂は汚れ落ち、潤いキープ力、肌の柔軟効果も◎

化粧品は「浸透」しない↓大半の成分は無効

浸透願ってパッティング女子

特徴

- 化粧水が染み込むように肌をパチパチ
- 肌が赤くなると血行促進と思い込む
- 首のところを叩いてむせることがある

DATA

叩いて浸透

美白度：★★☆
潤い度：★★☆
自称ゴッドハンド：★★★

ここが **NG** ケア

化粧品は肌の奥に浸透できない。角質層で働く成分以外は塗ってもムダ！

Check 1

普通の化粧品が「肌バリア」を突破することは困難

化粧品を肌に浸透させようと、ハンドプレスにパッティング、コットンやシートマスクでパック……と、頑張っている女子に悲報です。実は、**化粧品は肌の奥には浸透しません。**正確に言うと、**肌表面の「角質層」**にしか届きません。

角質層は肌の表面にあり、**皮膚のバリアを司る部分。**化粧品レベルでこのバリアを突破するのは難しく、軽々しくそれを行うと副作用が起こりえるので化粧品では禁止です。

Check 2

ほとんどの美肌成分は肌の奥に届かなきゃ効果ゼロ

水分やセラミドは角質層にあるものなので、肌の奥に浸透させる必要はなく、**角質層に補給するだけで効果があります。**ビタミンＣやアスタキサンチンなどの**抗酸化成分**も、肌表面の酸化を防ぎ、表面の**角質層に届けばＯＫ**です（ビタミンＣは刺激がありますが）。

しかし、世に出回っている多くの美肌成分や細胞活性成分などは、**角質層のもっと奥の「基底層」や「真皮」に届かないと効果を得られません。**

かずのすけ格言　素晴らしい成分も浸透しなければ無と同じ。

化粧品の「浸透」と効果の真相

ザックリまとめると……

- 化粧品の成分（水分や油分も）は、肌表面に存在する「角質層」までしか届かない。
- よって角質層にあるセラミドや水分、角質層の酸化を防ぐ成分などは、化粧品で補う意義がある。
- その他多くの美容成分は、角質層のさらに奥の層に届かないと効果がなく、ほぼ意味がない。

CHECK 1

浸透をアピールする化粧品広告のワナ

化粧品のTVCMなどでよく見かける「成分がぐんぐん浸透します」といった宣伝文句。その広告をよく見ると、端のほうに小さな字でこのように書かれています。「浸透は角質層まで」。

多くの消費者はそこまで見ないので、肌の奥まで染み込むと勘違いして当然と言えます。

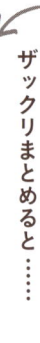

化粧品はどこまで浸透するのか？

「化粧品の成分が浸透し、肌の奥まで届く……」。実際はそのようにはいきません。

［皮膚の構造］

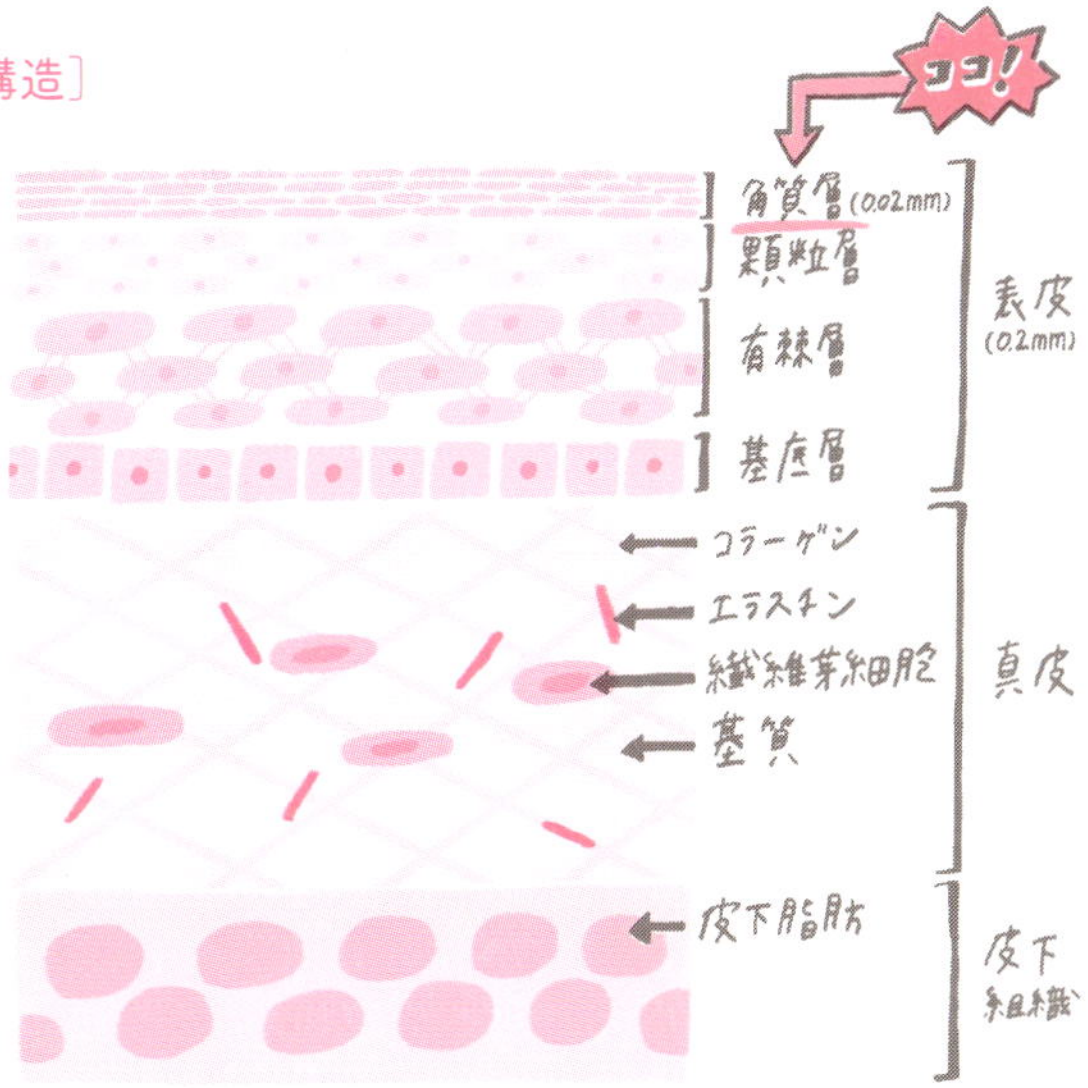
ココ!
角質層(0.02mm)
顆粒層
有棘層
基底層
表皮
(0.2mm)
コラーゲン
エラスチン
繊維芽細胞
基質
真皮
皮下脂肪
皮下
組織

肌のいちばん外側にあるのが、ラップくらいの薄さの「角質層」。角質層の中には、古くなった「角質細胞」がいっぱいあり、その隙間を「水分」と「細胞間脂質（主成分：セラミド）」が埋めています。このチームワークのもと、異物の侵入などから肌を守っています。これが「肌バリア」。普通の化粧品が浸透できるのはココまでです。バリアを強行突破すればアレルギー反応などの副作用の危険があります！

CHECK 2

パッティングは肌が黒ずむだけ！

ハンドプレスやパッティングを一生懸命しても、化粧品は角質層までしか浸透しません。

それどころか、パッティングは肌を叩くので、皮膚にとっては刺激です。刺激を受けると、皮膚は自らを守ろうとして「メラニン」を生成し、シミや黒ずみの原因になるのでやめましょう。

かずのすけ語録

角質層で働く成分以外は効果ゼロ。ただの水分補給

「化粧水たっぷり♪」は、肌と財布を苦しめるだけ

特徴

- 化粧水は安いものを大量に塗る
- 何でも質より量
- シートマスクも20分以上つける

DATA

化粧水で水びたし

美白度：★★☆
潤い度：★★☆
モチモチ肌への憧れ：★★★

ここが
NGケア

化粧水の量は〝500円玉大〟で十分。重ねすぎは刺激アップ&肌バリアの弱体化に

Check 1

優秀な化粧水でも量が増えれば刺激に

日本人女子の多くは、一昔前からこんな美容情報をすり込まれているのでは？ **「化粧水はたっぷり塗りましょう」**。

しかし化粧品というのは、どんなに優れた商品でも、中身の100%が良い成分ということはありえません。例えばパラベンのような防腐剤は、少量なら全然問題ありませんが、量が増えると刺激になることがあります。化粧水を**必要以上に塗り重ねることは、刺激のリスクも積み重ねること**なのです。

Check 2

大量投入しても「蒸発」するかヘタしたら肌バリアを弱める

すでにお伝えしたように、**普通の化粧品は「角質層」までしか浸透しません**。そして、角質層で余った成分は「蒸発」するだけです。

さらに言うと、角質細胞の主成分である「ケラチン」は、**水分を含みすぎると弱まる性質**があります。湯船に長く入ると皮膚がふやける原因もこれ。若くて健康な肌なら平気でしょう。しかし敏感肌や、ある程度の年齢の方は、化粧水の塗りすぎが続くと、**もともと弱い肌バリアがより弱まる**場合があります。

かずのすけ格言　まさに「過ぎたるは猶《なお》及ばざるが如《ごと》し」

化粧水の蒸発を防ぐ「フタ」は必須じゃない

特徴

- 乳液とクリームは欠かさない
- 水分が飛ばないよう、多めに使う
- 乾燥肌をどうにかしたい

DATA

乳液で乾燥を防ぐ

美白度：★★☆
潤い度：★☆☆
肌ベタベタ度：★★★

ここがNGケア

油分の多い〝フタ〟は乾燥肌の引き金にも。フタは必要な女子だけすればOK

Check 1

最高のフタは肌表面にある「皮脂膜」

「化粧水を塗ったら、蒸発防止に乳液やクリームの油分でフタをする」。さも常識となっているこの〝フタ〟。実は必須ではありません。

肌にとって最高の油分は、**自らが分泌する「皮脂」**です。化粧品でフタをしなくても、健康な肌の表面には皮脂膜があり、角質層の潤いを守っています。ただ、肌バリアが弱っている人は皮脂が少なく、**乾燥するときに多少クリームを塗るのはアリ**。でも、乳液やクリームが必須という固定観念は捨てましょう。

Check 2

油分を塗りすぎると皮脂分泌が〝制限モード〟に

前述のように、化粧水後の乳液やクリームは必須ではありませんが、乾燥に応じて多少の油分を補うのはOK。ただ油分が過剰になると、肌が皮脂の分泌をひかえてしまうので、**肌の内部は逆に乾燥しがち**。肌の状態に応じて、適量を塗る程度にしてください。

なお、乳液は基本的に**水分に油分が混ざった構成**ですが、中には水分がほとんどで化粧水と大差ない商品も。フタの目的で油分を補うなら、**クリームのほうが適格**です。

かずのすけ格言　売上命の化粧品会社はライン使いを推して当然。

洗顔後のケアは基本はこれだけでOK

ザックリまとめると……

- 基本的には、セラミド入りの保湿剤（化粧水、オールインワンなど）を1種類塗ればOK。
- 肌が弱って乾燥している人は、適量のクリームを重ねて蒸発を防いでも可（油分過剰に注意）。
- 刺激がなければ、角質層で肌表面の酸化（によるシミ・老化など）を防ぐ「抗酸化成分」入りも◎。

CHECK 1

洗顔後のケアは1〜2STEP

洗顔後のケアは、肌の保湿&バリアを司る「角質層」を整えるのが目的。角質層にあるバリア物質「セラミド」入りの化粧水やオールインワンジェルなどを用います。乾燥する場合はクリームを多少塗ってもOKです。優しい成分なら、シミ・老化を防ぐ抗酸化成分入りも◎です。

主要な「セラミド」一覧

現時点でいちばん効果的なセラミドは、「ヒト型セラミド」です。「セラミド１」「セラミドNP」のように、【セラミド＋数字（またはアルファベット）】で記載されているものは、すべてヒト型。いずれも乾燥や保湿効果に優れていますが、それぞれ得意分野があります。

主要なセラミド成分一覧

分類	全成分表示名称	成分の解説
ヒト型セラミド	セラミド1/セラミドEOP	ヒト型セラミド。人間の皮膚上に存在するバリア機能物質で、外部の乾燥や刺激から皮膚を守る働きをしている。アトピー肌、敏感肌、加齢肌にはセラミドが不足しているというデータがあり、外部補給することで肌のバリア機能を補うことが可能。
	セラミド2/セラミドNS	
	セラミド3/セラミドNP	
	セラミド6 II/セラミドAP	
	セラミド9/セラミドEOS	
	セラミド10/セラミドNDS	
疑似セラミド	ヘキサデシロキシPGヒドロキシエチルヘキサデカナミド	擬似セラミドと呼ばれる成分。化学的に合成されたセラミド類似成分で、人間の肌の角質層にあるセラミドと似た働きをする。外部から補うことで肌のバリア機能を高めることができる。効果はヒト型セラミドには及ばないが濃度を高めることで効果を上げることができる。
	セチルPGヒドロキシエチルパルミタミド	
	ラウロイルグルタミン酸ジ（フィトステリル／オクチルドデシル）	
植物セラミド	コメヌカスフィンゴ糖脂質	コメから得られる糖セラミド（グルコシルセラミド）を含むセラミド類似体。糖セラミドはセラミドの前駆体でありセラミドに似た働きをする。
動物セラミド	ウマスフィンゴ脂質	馬油から少量得られる糖セラミド（ガラクトシルセラミド）を含むセラミド類似体。糖セラミドはセラミドの前駆体でありセラミドに似た働きをする。尚「ビオセラミド」はセレブロシドの原料名であり化粧品成分名ではない。
	セレブロシド	

＋αケアをするなら

セラミドの保湿剤だけだと乾燥する場合は、クリームを多少塗ってもOKです。肌表面の酸化を防ぎ、シミや老化を穏やかに予防する抗酸化成分（プラセンタ、アスタキサンチンなど）入りだと一石二鳥。

CHECK 2

まぎらわしいセラミド表示に注意

セラミドと名乗ることが認可されているのは、「ヒト型セラミド」だけです。類似成分の「疑似セラミド」「スフィンゴ脂質」「糖セラミド」などは実質的には本物のセラミドではなく、効果が劣りますが、ヒト型セラミドに比べてリーズナブルです。十分な配合量があれば、ある程度の効果は期待できます。

かずのすけ語録

角質層で働く成分以外は効果ゼロ。ただの水分補給

おさえておきたい化粧品成分100選

★かずのすけお勧め度（1～4） 1：おすすめ 2：まぁまぁ 3：微妙 4：できれば避けたい

種類	用途	成分名	成分の説明	★
水溶性成分	水性基剤・保湿成分	エタノール	さっぱり系の保湿成分として使用されるが皮膚への刺激があるほかにも、過敏症や蒸発（揮発）によって肌を乾燥させるという欠点がある。	4
		PG（プロピレングリコール）	古くから保湿成分として多用されてきたが脂溶性が高く肌への浸透による刺激が懸念されたため昨今では配合が控えられている。	4
		DPG（ジプロピレングリコール）	安価な商品に多用される保湿成分だが、目や肌への刺激の懸念が指摘されている（特に目への刺激が強いという報告が多い）。防腐性がある。	3
		エチルヘキシルグリセリン カプリリルグリコール 1,2-ヘキサンジオール ペンチレングリコール	防腐性を持つ保湿成分で、無防腐剤の化粧品に高濃度で配合されることが多い。配合量が多い場合は皮膚への刺激も懸念される。	3
		プロパンジオール	保湿成分の一種。刺激性に関する情報が少なく不安要素が多い。	3
		グリセリン	保湿性が強いので化粧品の主成分によく使われる。皮膚への刺激やアレルギー性が弱く、使用感は比較的「しっとり」。	1
		ジグリセリン	グリセリンとよく似た性質の保湿成分。低刺激の化粧品に配合される。	1
		BG（1,3-ブチレングリコール）	グリセリンと同じく低刺激の保湿成分で、敏感肌用化粧品の主成分に多用される。使用感は「さっぱり」。	1
	機能性水性成分	ヒアルロン酸Na アセチルヒアルロン酸Na 加水分解ヒアルロン酸	ムコ多糖類（動物性保湿成分）の一種。水と混ざるとジェル化して水分を蓄える性質がある。代表的な皮膚表面の保湿成分。	1
		コラーゲン 加水分解コラーゲン サクシニルアテロコラーゲン 加水分解エラスチン	繊維状タンパク質の一種で肌の中では皮膚の土台を作っている。化粧品に配合された場合は皮膚表面で水分を蓄える保湿剤となる。	1
		ベタイン グルタミン酸Na	アミノ酸の一種で水分と馴染みやすく保湿成分として使われる。	2
		アミノ酸類	アスパラギン酸・アラニン・アルギニン・グリシン・セリン・ロイシン・ヒドロキシプロリン、など。ベタインやグルタミン酸と同様アミノ酸の性質から水分と馴染みやすく保湿成分として多用される。	2
		トレハロース グルコシトレハロース スクロース ソルビトール 加水分解水添デンプン ハチミツ メチルグルセス類	糖類の一種で水分と馴染みやすく保湿成分として多用される。基本的に低刺激で肌への安全性は高い。	1
		ポリクオタニウム-51	「リピジュア」と呼ばれる成分で、高い保湿作用を持つ。	1
		カルボマー	合成ゲル化剤の一種で水分を蓄えてジェル化させる性質を持つ。安全性の高い増粘剤として使用される。	2
		キサンタンガム	食品にも使われる増粘剤で、デンプンを微生物の力で発酵させたもの。カルボマーと比較して肌当たりの優しいジェル化剤だが意図せぬ不純物の懸念も。	2
油性成分	油性基剤	ミネラルオイル	炭化水素油の一種で石油由来のオイル。低刺激で安価な原料だが、クレンジングの主成分にすると脱脂能力が強過ぎることが難点。	3
		スクワラン	炭化水素油を主成分とした植物性のオイル。低刺激な保護油として化粧品に広く使用されている。ピュアオイルをスキンケアに使うこともできる。	2

種類	用途	成分名	成分の説明	★
油性成分	油性基剤	ワセリン	ミネラルオイルと同じく石油由来の炭化水素油。半固形状の脂で水分蒸発を防ぎ、低刺激なので、乾燥肌の皮膚の保護によく使われる。	2
		マイクロクリスタリンワックス	合成ワックスだが主成分は炭化水素油。さまざまなメイクアップ化粧品やヘアワックス等の主成分となっている。	2
		水添ポリイソブテン	撥水性の高いオイルでウォータープルーフ系メイク製品に多用されるほか、ウォータープルーフ用メイクアップリムーバーの主成分として利用される。	3
		ジメチコン アモジメチコン ビスアミノプロピルジメチコン	鎖状シリコーンの一種で皮膜能力の高いシリコーンオイル。重めのトリートメントの基剤やメイクアップ製品に利用される。やや残留しやすい点に注意。	3
		シクロペンタシロキサン シクロメチコン	環状シリコーンの一種で比較的皮膜力が低いシリコーンオイル。揮発性が高くサラッとした使用感になる。残留性は低め。	2
		トリエチルヘキサノイン エチルヘキサン酸セチル ミリスチン酸オクチルドデシル イソノナン酸イソノニル	合成エステルオイル。人工的に作られたオイル成分で安全性・安定性が高く、さまざまな化粧品基剤に用いられている。クレンジング基剤になると脱脂力は高め。	2
		ラノリン	動物性のエステルオイル。純度によってアレルギー性が懸念されるため最近はあまり使用されなくなった。	4
		セタノール ステアリルアルコール	高級アルコール系のオイルで、ベタつきの少ない皮膜形成剤として使用される。微弱な皮膚刺激が懸念される。	3
		ステアリン酸 パルミチン酸 ミリスチン酸	高級脂肪酸の一種で、軽い質感の油分だが高濃度だと皮膚への浸透性が高く刺激性が懸念される。石けんの原材料として利用され単品では使用されない。	3
	機能性油性成分	オリーブオイル 馬油 アルガニアスピノサ核油 コメヌカ油 マカダミアナッツ油	油脂の一種で主成分の脂肪酸の組成によってさまざまな性質になる。ここにあるオレイン酸を多く含む油脂の場合肌馴染みがよく、柔軟作用がある。不純物として含まれるビタミン類の組成によって抗酸化力に優れた油脂となる。多価不飽和脂肪酸のリノール酸やリノレン酸を多く含む油脂は酸化しやすいため注意。	1
		ココナッツ油	多くの化粧品成分の主原料となっている油脂（ココヤシ油）。安定性が高く使い勝手はよいが飽和脂肪酸を基本とするため、肌への柔軟作用などは弱い。	2
		ホホバ油	主成分はロウ類だが油脂のように脂肪酸も含む植物性のオイル。皮膚の天然保湿成分とよく似た組成のため、高精製されたホホバ油は肌の保湿剤としてよく使用される。ゴールドホホバ油は精製度が低く刺激の懸念もあるが肌馴染みがいい。	1
		セラミド 1/セラミド EOP セラミド 2/セラミド NS セラミド 3/セラミド NP セラミド 6 II/セラミド AP セラミド 9/セラミド EOS セラミド 10/セラミド NDS	ヒト型セラミド。人の皮膚上に存在するバリア機能物質で、外部の乾燥や刺激から皮膚を守る働きをしている。アトピー肌、敏感肌、加齢肌にはセラミドが不足しているというデータがあり、外部補給することで肌のバリア機能を補うことが可能。	1
		ヘキサデシロキシPGヒドロキシエチルヘキサデカナミド	擬似セラミドの一種。人間の肌の角質層にあるセラミドと似た働きをする成分。外部から補うことで肌のバリア機能を高めることができる。	2
		ラウロイルグルタミン酸ジ（フィトステリル／オクチルドデシル）	擬似セラミドの一種。長年、幅広いメーカーの商品に使用されており、安全性と実用性に定評がある	

種類	用途	成分名	成分の説明	★
油性成分	機能性油性成分	コメヌカスフィンゴ糖脂質	コメから得られる糖セラミド（グルコシルセラミド）を含むセラミド類似体。糖セラミドはセラミドの前駆体でありセラミドに似た働きをする。	1
		ウマスフィンゴ脂質	馬油から少量得られる糖セラミド（ガラクトシルセラミド）を含むセラミド類似体。糖セラミドはセラミドの前駆体でありセラミドに似た働きをする。	1
		マカダミアナッツ脂肪酸フィトステリル	人間の皮脂に組成の近い油分の誘導体。肌や髪に浸透しやすく柔軟性を与えることができる。	1
界面活性剤	洗浄剤	石けん素地	代表的な石けん。成分表に「〜酸＋グリセリン＋水酸化 Na（水酸化 K）」と表記されている場合もある。 洗浄力が高く使用感の良い洗剤。分解しやすく残留しにくいが、アルカリ性なので洗浄中に刺激になることも。オレイン酸系のほうが比較的低刺激。	3
		ラウリン酸 Na		
		オレイン酸 Na		2
		カリ石けん素地		
		オレイン酸 K		
		ラウリル硫酸 Na	敏感肌への刺激が強く皮膚残留性も高い点が問題視される合成洗剤。化粧品に使用される界面活性剤で最も避けたい成分。	4
		ラウレス硫酸 Na	ラウリル硫酸 Na を改良して作られた洗剤で、刺激性と残留性はかなり抑えられているがそれでも敏感肌には向かない成分。	3
		オレフィン（C14-C16）スルホン酸 Na	ラウレス硫酸 Na の代わりに最近多用される洗浄成分だが、高い脱脂力と敏感肌への刺激性はさほど変わらない。	4
		ラウレス－5- カルボン酸 Na	通称「酸性石けん」。石けんと似た構造を持ち環境に優しく、弱酸性でも十分な洗浄力を発揮するうえ低刺激性の洗浄成分。	1
		ココイルメチルタウリン Na	タウリン系洗浄成分の一種で比較的低刺激で高めの洗浄力を有する。	2
		ラウロイルメチルアラニン Na	弱酸性のアミノ酸系界面活性剤。低刺激という点では特に優秀で、洗い上がりは比較的しっとりする。	1
		ココイルグルタミン酸 TEA	アミノ酸系界面活性剤の一種で、洗浄力は穏やかで低刺激性。敏感肌向けの洗浄成分。	1
		コカミドプロピルベタイン	両性イオン界面活性剤の一種で、特に低刺激の洗浄成分。ベビーソープや低刺激シャンプーに配合される。陰イオン界面活性剤の刺激を緩和する効果がある。	2
		ココアンホ酢酸 Na	極低刺激性の両性イオン界面活性剤の一種で、敏感肌･アトピー肌でも使いやすい。	1
		ラウリルグルコシド	非イオン界面活性剤の一種で成分自体は低刺激だが、脱脂作用が強いためシャンプーの洗浄力が上がる。食器用洗剤の助剤にも使われる。	3
		トリイソステアリン酸 PEG-20 グリセリル	非イオン界面活性剤の一種でクレンジングの乳化剤として用いられる。シャンプーに配合するとクレンジング作用を付与できる。	2
		ジステアリン酸 PEG-150		
	柔軟剤	ベヘントリモニウムクロリド	陽イオン界面活性剤の一種でトリートメントやコンディショナーの主成分。吸着した部分に滑らかな質感を与えるが、残留性が高く敏感肌には刺激がある。	3
		ステアリルトリモニウムクロリド		
		セトリモニウムクロリド		
		ステアラミドプロピルジメチルアミン	陽イオン界面活性剤の一種だが比較的低刺激の成分。	2
		ベヘナミドプロピルジメチルアミン		
		ポリクオタニウム -10	カチオン化ポリマーの一種で、リンスインシャンプーのリンス成分である。毛髪に吸着してしっとり感を演出する。配合量が多いと質感がごわついてしまう。	2
		ジメチコンコポリオール	シリコーンに親水性の構造を取り付けたシリコーン系被膜剤で、低刺激性でヘアケア製品などに配合してサラサラ感やしっとり感を演出することが可能。	2
		ジメチコノール		
	乳化剤	水添レシチン	非イオン系界面活性剤の一種で、生体適合性界面活性剤。低刺激の化粧品の乳化や、リポソーム用の界面活性剤として利用されている。	1
		ポリソルベート類	非イオン系の乳化剤。巨大な分子量の物が多く皮膚への刺激も極微弱である。主にクリームや美容液などの塗り置きの化粧品に配合されている。合成して作られる物が基本だが配合量も少なく皮膚への負担はほぼない。	2
		テトラオレイン酸ソルベス -30		
		イソステアリン酸ソルビタン類		
		ステアリン酸グリセリル		
		PEG- 水添ヒマシ油類		

第2章

オトナ女子のためのプラスαケア

基本のケアのほかに、肌の悩みや
さらに美肌を作るためのプラスαケアについても
紹介していきます。
オトナ女子だからこそ、知っておきたい美容情報です。

水道水はどのくらい肌への悪影響があるのか？

精製水で塩素を拭き取り女子

特徴

- お風呂上がりはすぐに精製水で顔を拭く
- 自称：美肌オタク
- コットンは安いものでも気にしない

DATA

水道水を飲まない

美白度：★★☆
潤い度：★★☆
塩素度：★★★

ここが NG ケア

健康肌なら心配無用。唯一、注意すべきは水質の悪い地域に住むアトピー肌の人

Check 1

普通は心配ないが、アトピーは水道水の残留塩素で悪化の例も

水に含まれるミネラル(カルシウム、マグネシウムなど)は、多少の肌刺激になることがありますが、**日本の水はミネラルの少ない「軟水」**。海外の水より格段に優しく、普通は水道水の肌への影響まで気にしなくてOKです。

ただし、日本は水質の地域差が大きく、水質の悪い地域では、水道水に多くの**塩素消毒剤**を入れています。この残留塩素でアトピーが悪化する例も。水質の悪い地域在住でアトピー肌なら、浄水器を使うなどしても。

Check 2

精製水やビタミンCでの塩素カットには不安点も

精製水を浸したコットンで、洗顔時の水道水を拭き取る女子もいますが、**精製水は腐りやすいのが難点**。ビタミンCやビタミンC誘導体入りの化粧水でも、塩素の作用は弱まりますが、皮膚刺激の懸念も……。

おすすめは、**塩素除去ができる「浄水シャワーヘッド」に交換すること**。私も使っていますが、調べたらちゃんと塩素が減っていました。自宅の水質は市販の「簡易試験紙」や「残留塩素チェッカー」で簡単にわかります。

かずのすけ格言　腐る心配をしながら精製水を使うストレスのほうが肌に悪い。

オイルでは「保湿」はできない事実

水分が出てっちゃう前に
しっかりフタしなきゃね〜
夏も冬もオイル
さっぱり系のスキンケアは使わない
テカリすぎて風呂上がりはコンビニに行けない
食事もオリーブオイルで作る
オイルで保湿しているつもり女子

特徴

- 洗顔後は保湿のためにオイルでケア
- クリームより油が最強説
- 枕が脂っぽくなる

DATA

保湿ケアを重視

美白度：★★☆
潤い度：★☆☆
潤いを逃がしたくない：★★★

ここが
NGケア

オイルは、保湿剤ではなく「保護剤」！塗っても肌の中は潤わず、逆に乾燥しがち

Check 1

オイルの役割は、肌をベールのように覆って「保護」すること

復習しましょう。スキンケアの目的は、保湿＆バリア機能を司る「角質層」を整えること。ですから、**角質層に存在する「水分」と「セラミド」を補うこと**が第一とお伝えしました。

一方の「オイル」は、角質層を覆っている「皮脂」の代わりになるもの。化粧水の蒸発を防ぐ〝フタ〟や、外部刺激から肌を守る〝保護膜〟としては役立ちます。でも、それは**保湿ではなく「保護」**。肌自体が潤うわけではありません。

Check 2

油分を与えすぎると肌の皮脂分泌がセーブされる

乾燥肌の女子ほどオイルケアをしがち。ですが、油分を与えすぎると肌の「皮脂」が分泌をセーブするため、**肌の内部はかえって乾燥します**。乾燥時などに多少塗るのは良いですが、毎日のようにオイルケアをする必要はないと心得てください。

なお、クレンジング剤は「油脂」が最適ですが、これはあくまでも洗い流すもの。油脂は酸化しやすく、１日中塗っていると空気に触れて酸化するので、**多量の塗布は要注意**です。

かずのすけ格言　肌に塗るオイル＝「保護」オイル

オイルの種類とそれぞれの長所・短所

ザックリまとめると……

- 「炭化水素油（ミネラルオイルなど）」は、肌に直塗りすると乾燥する。ベビーオイルも主に炭化水素油！
- 炭化水素油やエステルオイルを塗ると、肌を刺激や乾燥から「保護」できるが、「保湿」はできない。
- 「油脂」は保湿作用もあるが、酸化するのでスキンケアでは少量使用に留める。

CHECK 1

直塗りNGな「炭化水素油」

炭素と水素のみでできた上がった油の性質が強い油を「炭化水素油」と言います。鉱物油やワセリン、スクワランなどがそれに当たります。これらは、乳液などの後に塗れば平気ですが、肌に直接塗ると皮脂を吸着し、乾燥を招きます。水で濡れた肌に塗っても同様なので注意。

油の３分類

３つのオイルの種類を知っておきましょう。

炭化水素油

最も安定性が高く、皮膚刺激の少ないオイル。肌の保護剤として優秀であり、ミネラルオイルやワセリンが人気。中でもスクワランは比較的肌馴染みに優れる。ただし、安全性が高い一方で、肌の保湿効果は低く、直塗りすると皮膚内部の油分を吸着して乾燥を招くことも。

『炭化水素油』の例	
ミネラルオイル	流動パラフィン
ワセリン	スクワラン
水添ポリイソプテン	マイクロクリスタリンワックス
イソドデカン	イソヘキサデカン

エステルオイル

美容オイルとしては「ホホバ油」が有名。そのほか、合成して作られる合成エステルが主流。炭化水素油と油脂の中間的な性質を有していて、安定性が高く、肌の保護膜としても優秀だが両者の中間的なデメリットを持つ。

『エステルオイル』の例	
ホホバ油	パルミチン酸イソプロピル
トリエチルヘキサノイン	イソノナン酸イソノニル
ミリスチン酸イソプロピル	ラウリン酸イソステアリル

油脂

動植物が生成するオイルで、肌本来の保護膜である「皮脂」もこの仲間。保湿作用と肌馴染みに優れ、肌の柔軟作用があるため、美容オイルとして注目されている。ただし、安定性には難ありで、肌の上で分解して刺激になったり、ニキビの原因になることもあるので使用量に注意。

『油脂』の例	
マカダミアナッツ油	アルガニアスピノサ核油
オリーブ油	馬油
コメヌカ油	ツバキ油
ココナッツ油（ヤシ油）	サフラワー油
ひまわり油	ゴマ油

CHECK 2

油脂を使う場合はごく少量を目安に

角質層の保湿に必要なのは水分やセラミド。油脂は皮脂と類似の性質があるので、その上に塗布すれば皮脂と類似の保護膜になります。ただし皮脂は放っておけば勝手に分泌されるので油脂を使ったスキンケアは必ずしも必要ではありません。塗り過ぎるとニキビの原因になったり酸化による肌の老化を促進させる懸念があるため、油脂系のオイルをスキンケアに取り入れる場合は塗りすぎに注意です。できれば１～２滴を薄く伸ばす程度に留めるのがベスト。

「原液100%」は誇大表現！〝原液商法〟に注意

ザックリまとめると……

- 原液＝原料そのものではない。化粧品の成分は基本的に〝粉末状〟であり、ドロドロしていない。
- 粉末状の有効成分を、水や溶剤で薄めたもの（＋防腐剤など）＝「原液」。
- 原液に定義はないので、成分がちょび～っと入っただけでも「原液」「原液100%」と呼んでいる。

CHECK 1

「原液」＝溶剤で成分を薄めたもの

「○○原液」と書かれた化粧品。これを「余計な添加物なし、100%成分そのもの」と思うのは勘違い。化粧品の成分は基本的に粉末状で、原液に多いプラセンタ、ヒアルロン酸、ビタミンC、コラーゲン、セラミドなども粉末。これを水や溶剤で薄めて防腐剤などを加えたものが原液です。

「原液」の構成

「原液」とは、 粉末状の有効成分を、水や溶剤（BG、エタノールなど）で薄めて、必要に応じて防腐剤を加えたもの。「原液100％」＝成分100％ではありません。

有効成分の
粉末
水や溶剤
原液
100%
Not
成分100%

CHECK 2

かなり薄〜い原液もあるのが実態

原液に定義はなく、ほぼゼロに近い有効成分しか入っていなくても「原液」と呼べます。普通は濃度１％もなく、中には普通の化粧品以下の濃度のものもあります（高濃度なら良いわけではありませんが）。

また「原液１００％」といっても、溶剤（BG、エタノールなど）や防腐剤は入っています。

かずのすけ語録

「原液１００％」と謳う化粧品は〝原液商法〟なり

“何もしないスキンケア”挑戦する価値はある？

肌断食してるんだけど、どう？
肌キレイになったと思う？
ずっと自分のこと考えてる
なにかの付録の鏡
いきなり話を変える
友達全員に肌断食してると言ってまわっている

30代から肌断食女子

特徴

- 「肌断食がいい」と聞いて、すべてを一気にやめた
- これまではかなりしっかりスキンケア派
- 湯シャンにも興味アリ

DATA

いろいろやった結果

美白度：★☆☆
潤い度：★☆☆
食事は食べたい放題：★★★

ここがNGケア

正しい保湿は、して損はなし。肌荒れの嵐に耐えてまで肌断食しなくてよし

Check 1

大人女子には現実的ではないし
肌を〝補佐〟する保湿はしていい

「洗顔や基礎化粧品の使用を一切しない」という〝肌断食〟。これは理論上は間違っていません。肌は自ら水分や油分を分泌しており、それを**洗顔で奪って化粧品で補うというのは本来おかしなことです**。とはいえ、メイクをしますし、紫外線防止のために日焼け止めやパウダーは塗るべきです。そうなるとクレンジングや洗顔をしないのは困難で、必要最小限の良質な保湿剤を使って、**角質層の働きをサポート**するのは必要なことです。

Check 2

突然の肌断食は、肌が対応不可！
今までとの落差で超絶な肌荒れに

例えば、毎日ガンガン洗顔している人は、肌が脱脂された分を補おうとして、皮脂を多く分泌します。こうした肌の習慣は、**スキンケアを変えてもすぐには変化しません（＝肌の恒常性）**。急に洗顔をやめても、皮脂の多さは相変わらずなのでニキビができます。万全に保湿してきた人が、急に保湿断ちすれば乾燥します（乾燥対策にワセリンだけ塗る方法もありますが、硬い油なので毛穴詰まりに注意）。**洗浄力や保湿力は徐々にダウンを！**

かずのすけ格言　昔からノースキンケアの美肌な人を、急にマネしてもムリ。

「美容液」よりも投資すべきはクレンジング

私の給料はお前たちに消えたよ……
楽しみ
学生時代は親の美容液をこっそり使ってた
安い美容液は信用してない
美容液
アルガンオイル配合
乳液
しっとりもっちり
薬用美容液
Essence
美
美容液だけは、ちょい奮発女子

特徴

- いちばんお金をかけているのは美容液
- 効果別の美容液を部屋に並べている
- 貯金残高が怖くて見れない

DATA

美容液は魔法の液!?

美白度：★☆☆
潤い度：★★☆
アンチエイジング：★★☆

ここが**NG**ケア

価値ある美容液は残念ながら〝ひと握り〟。必死に探すより、クレンジングに投資を！

Check 1

値段に見合わない実力の〝自称・美容液〟だらけ

「美容液は効果が別格だから、ちょっと高くてもしょうがないよね〜」という女子は少なくないもの。ですが、**「美容液」という呼び名に定義はありません。**成分やテクスチャーも関係なく、化粧品会社がそう名づければ、誰が何と言おうと美容液になるのです。

ほぼ化粧水や乳液と変わらない〝自称・美容液〟は、山のようにあります。そのような商品でも、美容液と言えば少し高くても消費者は納得するので、格好の商売道具です。

Check 2

美肌の近道は、美容液よりも優良なクレンジングを使うこと

美白やアンチエイジングをしたいなら、そういった成分入りの化粧水やクリームを使えば充分。もちろん素晴らしい美容液もあるのですが、ほんのひと握りです。探し出すのは難しく、その小さな可能性に賭けるよりも、必須アイテムのクレンジングにこだわるほうが賢明です。洗顔はどうしたって肌には刺激なので、**適当なものを使っていると美肌には近づけません。**美容液に使うお金があるなら、**クレンジングや洗顔料に投資しましょう。**

かずのすけ格言　「日焼け止め美容液」とか、もう何でもアリ状態。

かずのすけ的おすすめ美容成分リスト

	成分名	概要
スキンケア成分	ヘマトコッカスプルビアリス油	海藻由来のアスタキサンチン含有エキス。強力な抗酸化成分で鮮やかな赤色の色素。
	アドニスパレスチナ花エキス	植物由来のアスタキサンチン含有エキス。強力な抗酸化成分。
	プラセンタエキス	動物の胎盤から得られるエキスで美白作用や抗炎症作用などの効能を持つ。美白有効成分にも登録されている。
	ヒト型セラミド（セラミド○○）	人の肌に存在するものと全く同じ構造のセラミドで最も高い肌バリア増強効果を持つ。詳細は下の別表参照。
	グリチルリチン酸 2K	最も利用されている抗炎症成分。
	マカダミアナッツ油	人肌の油分と最も近いと言われる植物油脂。肌の柔軟作用がある。
	テトラヘキシルデカン酸アスコルビル	油溶性ビタミン C 誘導体。効果は穏やかながら皮膚刺激が小さく敏感肌向けの抗酸化成分である。
	リン酸 -L- アスコルビル Mg	リン酸エステル型ビタミン C 誘導体。美白有効成分に登録されているビタミン C 誘導体の中で最も安全性と効果のバランスが良いとされる。

	成分名	概要
ヘアケア成分	ヘマチン	酸素授受を助けるタンパク質で酸化還元反応を沈静化する作用がある。残留薬剤を素早く失活させてくれる。
	ケラチン 加水分解ケラチン	毛髪と全く同じタンパク質。酸化によって固まる性質から毛髪のダメージ部位に吸着して固まりダメージを補修する。加水分解したタイプのほうが髪内部に浸透する。
	γ - ドコサラクトン メドウフォーム - σ - ラクトン	ラクトン誘導体。加熱により毛髪と結合する性質があるので加熱耐性のアップと毛髪保護作用を担う特殊な成分。
	マカダミアナッツ油	毛髪の油分と最も近いと言われる植物油脂。毛髪の柔軟作用がある。
	マカダミアナッツ油脂肪酸フィトステリル	マカダミアナッツ油から生成するエモリエント成分。毛髪の柔軟作用がある。
	クオタニウム -33	毛髪の必須脂質「18MEA」を主骨格にした毛髪親和型カチオン界面活性剤。

●セラミド成分一覧

ヒト型セラミド	セラミド 1/ セラミド EOP セラミド 2/ セラミド NS セラミド 3/ セラミド NP セラミド 6 II / セラミド AP セラミド 9/ セラミド EOS セラミド 10/ セラミド NDS	ヒト型セラミド。人の皮膚上に存在するバリア機能物質で、外部の乾燥や刺激から皮膚を守る働きをしている。アトピー肌、敏感肌、加齢肌にはセラミドが不足しているというデータがあり、外部補給することで肌のバリア機能を補うことが可能。
疑似セラミド	ヘキサデシロキシPGヒドロキシエチルヘキサデカナミド セチルPGヒドロキシエチルパルミタミド	擬似セラミドの一種。人間の肌の角質層にあるセラミドと似た働きをする成分。外部から補うことで肌のバリア機能を高めることができる。
	ラウロイルグルタミン酸ジ（フィトステリル／オクチルドデシル）	擬似セラミドの一種。長年、幅広いメーカーの商品に使用されており、安全性と実用性に定評がある。
植物セラミド	コメヌカスフィンゴ糖脂質	コメから得られる糖セラミド（グルコシルセラミド）を含むセラミド類似体。糖セラミドはセラミドの前駆体であり、セラミドに似た働きをする。
動物セラミド	ウマスフィンゴ脂質 セレブロシド（原料名：ビオセラミド）	馬油から少量得られる糖セラミド（ガラクトシルセラミド）を含むセラミド類似体。糖セラミドはセラミドの前駆体でありセラミドに似た働きをする。

かずのすけ的残念美容成分リスト

成分名	概 要
ケイ酸アルミニウム焼成物	火山灰由来の汚れ吸着成分だが、結晶が尖った形をしていて目に入ると網膜を傷つけるおそれがある。
パパイン	パパイヤ由来のタンパク質分解酵素。酵素洗顔に配合されている。角質を分解するため皮膚への刺激が強い。目粘膜からの侵入でアレルギー誘発のリスクあり。
プロテアーゼ	タンパク質分解酵素。酵素洗顔に配合されている。角質を分解するため皮膚への刺激が強い。目粘膜からの侵入でアレルギー誘発のリスクあり。
ハマメリス水 ハマメリスエキス	ハマメリス由来のエキスでタンパク質への刺激を応用して肌の収斂成分として配合されている。敏感肌には刺激が強いので注意。
タンニン	タンパク質への刺激を応用して肌の収斂成分として配合されている。敏感肌には刺激が強いので注意。汗腺の収斂による制汗・消臭成分などとしても利用されている。
ハイドロキノン	美容皮膚科等で強力美白剤として使用されている成分だが副作用が強く化粧品として常用利用すると白斑などを招くリスクが大きい。医薬部外品ではないが化粧品として流通している。
パルミチン酸レチノール 酢酸レチノール	レチノール（ビタミンA）誘導体。皮膚の活性代謝を促進する働きが期待されているが皮膚刺激の報告が多いのが難点。
ステアルトリモニウムクロリド セトリモニウムブロミド	陽イオン界面活性剤の中で刺激の強い部類の成分。第四級アンモニウムカチオン。高濃度だと皮膚刺激が強い。スキンケア化粧品への配合は基本的にタブーである。
ラウリル硫酸Na	実用されている中で最も古い合成界面活性剤。刺激と残留性が強いため現在では日本国内のメーカーはほぼ使用しない。
グリコール酸	αヒドロキシ酸の一種でケミカルピーリング剤に用いられる。化粧品配合ではピーリング効果は弱いが若干の皮膚刺激が懸念される。
サリチル酸	βヒドロキシ酸の一種で強力なケミカルピーリング剤に用いられる。化粧品配合でも刺激が強いため防腐剤として以外の配合では避けるべき成分。
尿素	タンパク質変性作用による皮膚柔軟効果を持つ。ハンドクリームなどに配合されるが皮膚を柔軟化しているのみで使用頻度が高いと肌バリアの低下を招くため注意。
炭酸Na	水に溶かすと二酸化炭素を発生する性質があり疑似炭酸を作るためによく用いられる。しかしアルカリ性の成分なので弱酸性の炭酸とは全く別物である。
グリコール	エチレングリコールのこと。古くは化粧品の保湿剤としても利用されていたが体内に吸収されるとシュウ酸という毒物に代謝されるため現在では化粧品には基本的に配合されない。
エチニルエストラジオール	女性ホルモン様作用の成分。ホルモン系成分は効果が大きいが経皮吸収作用などが強く極微量でも体内の正常なホルモン分泌に影響する懸念がある。

安すぎる化粧品には怖～いワケがある

わたしぃ……肌だけは強いから
100均でヨユーなんだよねぇ
相手からの「いいなぁ」待ち
童顔なのをウリにしている
すべて100均のスキンケア
100
アラサーなのに100均コスメ女子

特徴

- スキンケアは 100 均のラインナップ
- 自分の肌質は頑丈だと自信がある
- 化粧水はとにかくたっぷり使う

DATA

安く買えたらハッピー

美白度：★☆☆
潤い度：★☆☆
お金は趣味に
消える：★★★

ここがNGケア

1000円未満の基礎化粧品が優秀なわけない！ オトナ女子なら卒業を

Check 1

原料にも「グレード」がある。低グレードの原料には不純物も

実のところ、原価100円未満の化粧品は簡単に作れます。化粧品の成分にも「グレード」があるので、例えば同じ「ヒアルロン酸」でも、**最低グレードのものを使えば、安く化粧品を作れるのです。**

しかしグレードの低い原料は純度が低く、**刺激のある不純物**を含んでいることがあります。100円ショップのマニキュアから、日本では規格外の「ホルムアルデヒド」という成分が検出された事件も、一例です。

Check 2

基礎化粧品の適正価格は1000～5000円程度

美肌を目指すなら、**500円未満の基礎化粧品は避けましょう。**悪いものとは限りませんが、効果は期待できません。

しかし、高いほど優秀とは言えません。例えば**500円の化粧水と5000円の化粧水なら、圧倒的に後者のほうが高品質。**しかし基礎化粧品で5000円を超えてくると、どの商品も品質には大差がなく、ほぼ容器や広告などによる価格差になります。基礎化粧品の**適正価格は1000～5000円程度です。**

化粧品の値段と効果は比例するの？

ザックリまとめると……

- 100円～1000円未満の基礎化粧品は低グレードな原料で価格を抑えている場合も。
- 5000円以下のゾーンは値段&品質がわりと比例。それ以上は、中身以外の差になってくる。
- 10000円以上の化粧品は5000円程度の化粧品と中身の品質の差はほぼない。

CHECK 1

低グレードな原料にはリスクがある

化粧品の原料にも「グレード」があり、低グレードの原料を使えば、安く商品化できます。ただし「不純物」などが混じっていることも……。

数百円の化粧品は、効果がないだけならまだしも、不純物による刺激や健康被害の例も。人気の成分でも、グレードが低ければ品質は劣ります。

基礎化粧品の価格と品質の相関イメージ

5000円までは価格＆品質がほぼ比例関係にあります。それ以上になると、価格が上昇しても品質のレベルは横ばいになります。500円と5000円の商品では大きな開きが。しかし、5000円と20000円は価格ほどの差がありません。

［化粧品の価格とクオリティの関係イメージ］

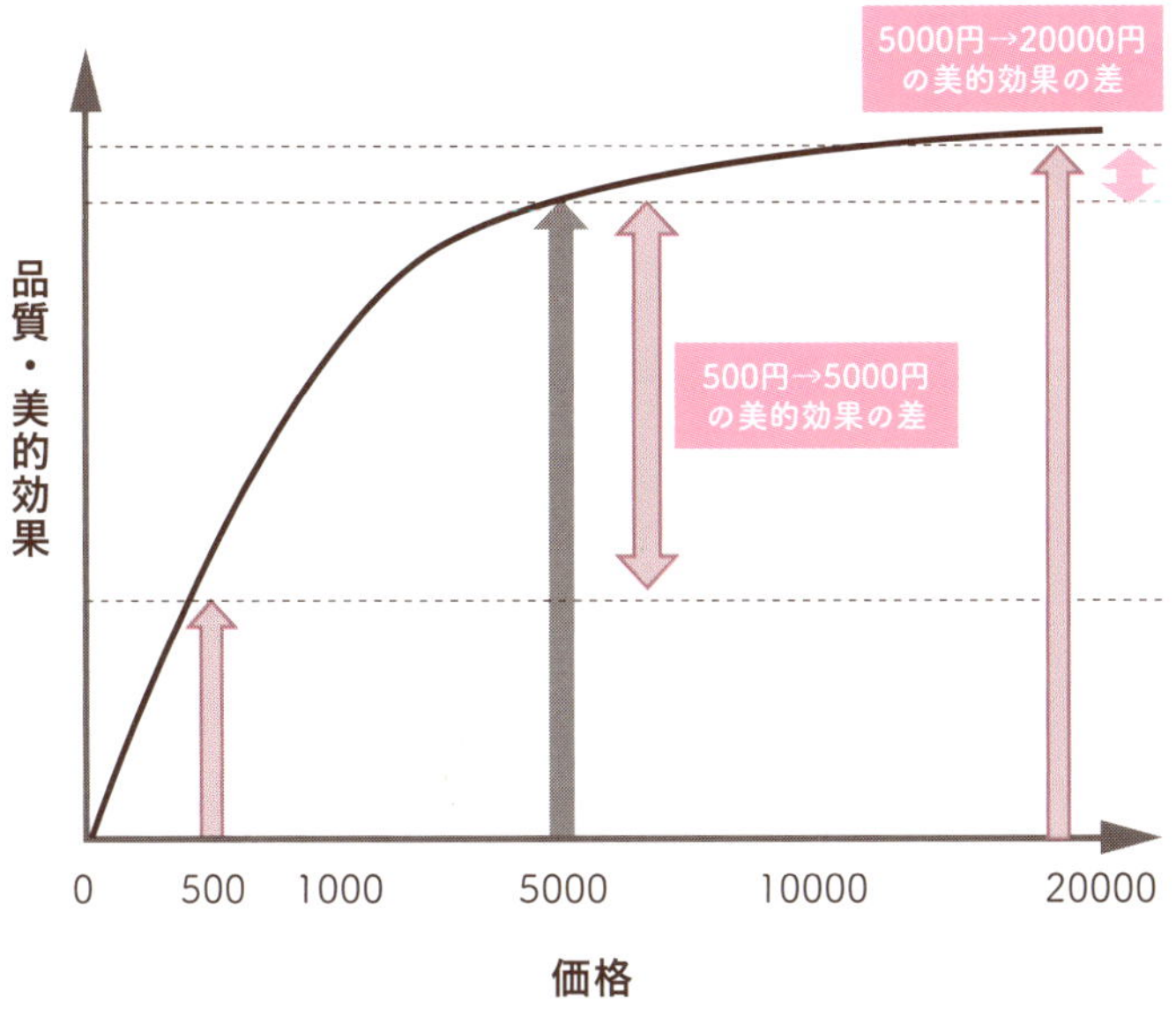
5000円→20000円
の美的効果の差
品質・美的効果
500円→5000円
の美的効果の差
0
500
1000
5000
10000
20000
価格

CHECK 2　化粧品の価格差のワケ

化粧品の価格と品質は、5000円まではおおむね比例しますが、それを超えると、どの商品も品質面では大差なくなります。これ以上お金をかけても品質面は伸びしろが少なく、あまり変えられません。5000円を超えた分は、ほぼパッケージやブランド価格、広告費などの差です。

かずのすけ語録

何万円もする化粧品はズバリ……ぼったくり

殺菌剤がニキビ肌を泥沼化していく

特徴

- 大人なのにニキビ肌であることが最大の悩み
- スキンケアは殺菌に力を入れる
- 愛用の洗顔ブラシがある

DATA

顔面の菌を退治

美白度：☆☆☆
潤い度：☆☆☆
コンシーラー
必須：★★★

ここが NG ケア

殺菌剤は、逆にニキビを増やすので厳禁！何年も重症ニキビに苦しむことも……

Check 1

アクネ菌を殺すと今度は外部の雑菌が大暴れ！

ニキビの原因とされる「アクネ菌」を退治するという殺菌剤。しかし皮肉にも、これがニキビを悪化させることが多いのです。

人間の肌には「皮膚常在菌」がいて、外部の雑菌から肌を守っています。アクネ菌は**皮膚常在菌の一種、本来は良い菌です**。殺菌剤とは、アクネ菌をはじめとする皮膚常在菌も等しく殺菌してしまいます。つまりアクネ菌は退治できますが、そのせいで外部の雑菌が増殖し、ニキビを増やすことが多いのです。

Check 2

継続使用でどんどん肌が弱まり、最悪、殺菌剤に依存する日々に

殺菌剤の中でも、洗顔料や化粧水などの顔全体につけるアイテムは最悪。使い続ければ**顔中の皮膚常在菌がどんどん減り、肌のシステムが狂い、**小さな刺激でも肌荒れに。肌が弱る一方で雑菌は殺菌剤に慣れていき、より強力な殺菌剤でないと死ななくなります。殺菌作用のない普通のスキンケアに変えようものなら、**雑菌が繁殖して一気に肌荒れ**。最終的には、殺菌剤がないと普通の肌を保てなくなり、肌がボロボロになる人もいます。

かずのすけ格言　殺菌剤の使用はニキビ地獄の始まり。

ニキビができるしくみを理解しておこう

ザックリまとめると……

- ①過剰になった「皮脂」が毛穴に詰まり、毛穴の中に「アクネ菌」が閉じ込められる。
- ②するとアクネ菌が皮脂を食べ、毛穴の中で増殖して炎症を起こす。これが「ニキビ」。
- つまり根本的な原因はアクネ菌ではなく、「皮脂」が過剰になって毛穴に詰まること。

CHECK 1

ニキビができるメカニズムは？

アクネ菌は本来、肌にとって大切な「皮膚常在菌」の一種です。

しかし毛穴に「皮脂」が詰まると、毛穴の中にいたアクネ菌が閉じ込められます。アクネ菌は皮脂が大好物なので、毛穴の中で増殖し、炎症を起こすことがあります。この炎症状態が「ニキビ」です。

ニキビ誕生までのプロセス

正常な肌から、ニキビができ、悪化してクレーターになるまでの流れを見ていきましょう。

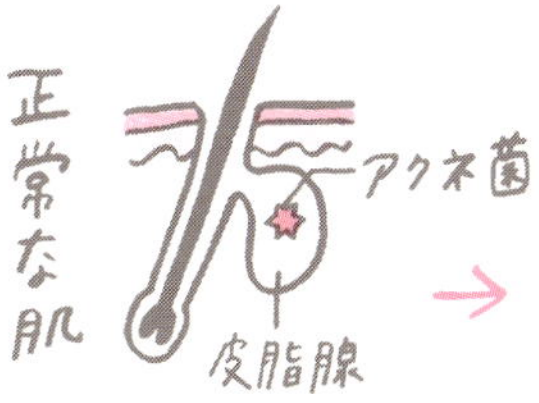

正常な皮膚は毛穴の出口が開いた状態。

汚れを放置したり、洗顔のやりすぎによる刺激で、毛穴の角層が厚くなり、毛穴が詰まる。ホルモンの影響で皮脂分泌が過剰になることも。

毛穴の出口部分が塞がると皮脂が溜まり、アクネ菌が増える。皮脂が酸化すると黒ニキビに。

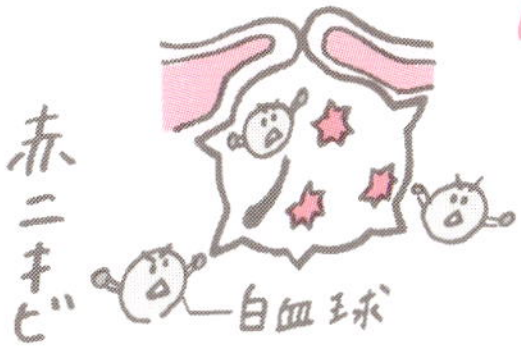

毛穴内に炎症が起こり、毛穴まわりが赤く腫れる。毛穴の中やまわりに白血球が集まり、アクネ菌を攻撃。悪化して膿をもつと黄ニキビ（膿疱）になる。

炎症が進むと毛穴の壁が壊れて広がる。炎症が強過ぎると凹んでクレーターに。

CHECK 2

過剰な皮脂が毛穴に詰まるのが根本原因

通常のアクネ菌は皮脂を分解してくれるほか、肌を弱酸性に保つことで雑菌の繁殖を防いでくれています（雑菌は弱酸性環境では生きられません）。ニキビができる根本的な原因はアクネ菌ではなく、過剰となった皮脂が毛穴に詰まることだと理解してください。

なお、赤くて痛みや化膿を伴う吹き出物は、ニキビではなく「面疔《めんちょう》」というもので、「黄色ブドウ球菌」が原因です。この場合は、殺菌剤や抗生物質の服用が有効です。

ニキビ薬に頼ると塗った場所にニキビが再発!?

あ～最悪……最っ悪……マジ治ったらできるの繰り返し……
中学からニキビに悩んでいる
ぬりぬり
ニキビができる前の肌の痛みでどのくらいデカいニキビができるか大体わかる
今までで1番効く(強い)薬
ニキビ薬常備女子

特徴

- ニキビができたら、すぐにニキビ薬
- かばんの中に必ず入れているのはニキビ薬
- チョコレートは天敵!

DATA

年中ニキビ肌

美白度：★☆☆
潤い度：☆☆☆
薬頼み：★★★

ここがNGケア

「とりあえずニキビ薬」との考えは改めよ！塗った場所だけ、ニキビの無限ループにも

Check 1

その場しのぎのケアではニキビはまた繰り返される

市販品にしろ、皮膚科の処方薬にしろ、「ニキビには、とりあえずニキビ薬を塗る」というやり方はちょっと待って！

ニキビの原因が「生理前だから」「脂っこいものを食べたから」など、きちんと特定できている場合に、**一時的に塗るだけならOKです**。しかし原因不明なのに頼るのはNG。たしかに治るかもしれませんが、これは単なる**対症療法**。原因が未解決なので、ニキビを繰り返す可能性があります。

Check 2

長く使うと殺菌＆角質剥離作用で肌が弱まり、肌バランスが崩れる

ニキビ薬の多くは、殺菌作用や角質剥離作用によってニキビを改善するものです。角質剥離作用は、ニキビができるとその周辺の角質が厚くなるので、これを**剥がして毛穴の中のニキビ排出を促す**ものです。しかし、薬品の力で角質を無理に剥がすことは、肌にとって刺激になります。継続的に行うと肌が逆に硬くなるうえ、その部分だけ**肌のバランスが崩れて、ニキビ・肌荒れが発生しやすくなります。**

ケース別ニキビの正しい治し方

ザックリまとめると……

- 頬やアゴの大人ニキビは、皮脂過剰を招く生活習慣やスキンケアの改善を（※生理前ニキビは除く）。
- 早く治すには、抗炎症作用のあるオイルフリーの保湿剤が◎（※化膿ニキビには殺菌剤や抗生物質）。
- 顔中にある重症ニキビは、誤ったケアのリバウンドなので、正しいケアに変えて長期戦で臨む。

CHECK 1

頬やアゴにできる大人ニキビの原因

ニキビの原因は過剰な皮脂です。生理前はホルモンの影響で皮脂が増えがちなので、生理前ニキビは仕方ありません。それ以外で大人女子が皮脂過剰になるのは、ほぼ次の理由です。

①油の多い食品。②睡眠不足やストレスによる、男性ホルモンの増加。③油分の多いスキンケア。

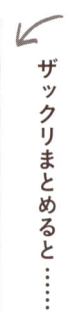

症状別・ニキビの治し方

ニキビは大きく分けて4種類。それぞれ症状と対処法が異なるので、ニキビに合わせたケアが必要です。

［大人ニキビ］

原因は「食」「睡眠」「ストレス」によるものが大半のため、まずは生活環境の改善を。また、酸化した揚げ油やスナック菓子などの分解しにくい脂を摂取するとできやすい。生活環境不和による皮脂量の増加が関係しているので、スキンケアでの対応よりも生活を正すことを！

［思春期ニキビ］

10代の思春期のホルモン変動によって皮脂量が増加する影響で発症。一時的なものなので、放っておけば自然に治癒する。病院に行く必要はない。長期の殺菌治療や強力な洗浄を行うと、薬の副作用で慢性ニキビ化する場合が多い。同様に、生理時のニキビもホルモンの影響なのであまり気にしない。

［慢性ニキビ］

思春期ニキビに対して、長期殺菌や強力洗浄、代謝促進の医薬品の利用を繰り返した結果、肌の常在菌環境や皮膚代謝に異常をきたして、慢性状態になっている。殺菌や洗浄のスキンケアの見直しで根治できるが、改善までには時間がかかる。一時的に悪化しても、根気よく続けること。

［化膿ニキビ］

「面疔」と呼ばれる、赤みと痛みを伴う吹き出物。風邪や睡眠不足、体調悪化時に発生しやすい。毛穴内部への細菌の侵入や免疫力低下による常在細菌の過剰繁殖などで発生するとされるが、原因はさまざまで特定が難しい。膿が小さいうちに抗生物質や殺菌剤の塗布が効果的。

CHECK 2

ニキビができた場合のスキンケア

ニキビの主な原因は皮脂過剰ですが、だからといって肌を乾燥させるのはNG。肌が乾燥すると、それを補おうと皮脂が分泌されるので、ニキビには逆効果に。正しい保湿をしましょう。

オイルは、単なる「保護剤」です。保湿ができるのは油分ではなく「水分」です。特にニキビは油分が原因なので、オイルフリーの保湿剤（化粧水、ジェルなど）が最適です。また、ニキビは毛穴が炎症している状態なので、抗炎症剤配合のものがおすすめです。

皮膚科でもらう保湿剤をコスメ扱いするべからず

特徴

- 医薬品を使って日常のスキンケア
- 「絶対的効果」を求める
- 何かあったらすぐに病院へかけ込む！

※医薬部外品：厚生労働省が効果を認めた「有効成分」を配合しており、医薬品ほどではないが、化粧品よりは「予防」などの効果が高い商品群。

DATA

医薬品頼り

美白度：★★☆
潤い度：★☆☆
保険がきくのも魅力：★★★

ここが**NG**ケア

医薬品には「副作用」がつきもの。コスメ感覚で使うと思わぬトラブルも

Check 1

美容目的で普段使いした場合の副作用は誰にもわからない

皮膚科で処方される塗り薬は「医薬品」なので、**化粧品や医薬部外品**(※)**よりも圧倒的に効果があります**。そのため、これを普段のスキンケアに使いたがる女子もいます。

しかし医薬品というのは、**美容目的で継続使用されることを想定していません**。副作用のデータは、あくまでも薬として短期的に使用した際のもの。副作用の少ない医薬品でも、コスメ感覚で毎日のように使えば、思わぬ副作用に見舞われる可能性はあります。

Check 2

長期使用すると医薬品特有のデメリットも

乾燥性の皮膚疾患などに処方される、とある保湿剤。これが効果絶大らしいと、一部の女子たちに注目されています。

しかし医薬品とは、患者さんが短期的に使う前提で設計するもの。それゆえ敏感肌の人が毎日使うと、**微細ながら刺激になる成分**も。また使用感は二の次なので、油分が多いタイプもあり、気をつけないと**ニキビなどの原因になります**。医薬品を自己流で使うと、泣きを見ることもあると肝に銘じてください。

かずのすけ格言　副作用を持つものは長期使用してはならない。

パックは効果よりも刺激が勝ってしまう⁉

パックしてる時間に
今日あった嬉しいことを考えるの
まだまだ「可愛い」と言われたい
キャラもの大好き
ちょっとブサイクなキャラものが好き
フェイスパック欠かせない女子

特徴

- 朝晩の洗顔後にパックは欠かさない
- かたつむり、胎盤などの変わった成分は試す
- キャラクター顔のパックを使ってインスタにアップ

DATA

パックは欠かさない

美白度：★★☆
潤い度：★☆☆
規定時間より長めにつける：★★★

ここがNGケア

パックは美肌効果よりも刺激が!?敏感肌ならⅠ回やるだけで肌荒れも

Check 1

パックの美容成分はごく少量。放置中に悪い成分の作用が上回る

女子力アップ気分を味わえる、シートマスクやフェイスパック。「美肌成分がヒタヒタに染み込んでいるはず♪」と思っているなら、それは残念ながら間違いです。

化粧品とは結局、**水と化学物質の混ぜ物**。シートマスクの成分は、**ほぼ水**です。肌に良い成分は、ほんの少ししか入っていません。それを顔に貼って、何分間も放置していたら？　むしろ**悪い成分による刺激**のほうが、上回っていく可能性が高いでしょう。

Check 2

パックの潤い効果はその場だけ。むしろ水分過剰で肌がふやける

パックで肌がプルプルになるのは、そのときだけ。それどころか、肌のバリアを司る「角質層」は、水分を含みすぎると弱まる性質があります。頻繁にパックで保湿すると、**長風呂したときのように肌がふやけて、角質層のバリアが弱まっていくことも**。

洗浄や美白系のパックも含め、やるなら**週Ⅰ回程度に**とどめましょう。ただし敏感肌やアトピー肌の女子は、たったⅠ回パックしただけで肌荒れする場合もあるので注意を！

かずのすけ格言　パックで上がるのは、保湿力ではなく気分です。

角栓ケアをするほど〝イチゴ鼻〟になる

特徴

- 20歳過ぎてからイチゴ鼻が気になっている
- 市販の毛穴パックでのケアを行う
- 毛穴パックを剥がしたごっそり感が快感

DATA

特徴＝イチゴ鼻

美白度：☆☆☆
潤い度：☆☆☆
指でも絞り出す：★★★

ここが**NG**ケア

毛穴の角栓は必死に取るほど増える！ニキビの原因にもなり〝泣きっ面にハチ〟

Check 1

強力なスキンケアこそが巨大な角栓が誕生するきっかけ

小鼻の角栓や黒ずみに悩む女子は、毛穴汚れを一掃する洗顔料やパックなどを使いがち。しかし、**これこそが悪循環なのです。**

どんな美肌にも角栓はあります。ただ、目立たないだけ。〝イチゴ鼻〟の人は、角栓が必要以上に**〝巨大化〟し、それに伴って開いた毛穴から飛び出して見える**のが問題なのです。こうなった原因は、**洗浄力や刺激の強いスキンケアです。**つまり強力な角栓パックなどは、角栓を増やしているようなものと言えます。

Check 2

角栓を根こそぎ引き抜くと毛穴の中に「雑菌」が侵入！

そもそも角栓とは、毛穴の中に「雑菌」などが侵入しないように守ってくれているものです。角栓を根こそぎ引き抜くと、**毛穴の中に雑菌が繁殖し、ニキビや炎症を起こしやすくなります。**徹底排除してよいものではありません。

問題は、必要以上に大きくなった角栓が毛穴から飛び出して見えることなので、全部を引き抜く必要はありません。**毛穴から飛び出した部分を、綺麗にすればいい話です。**

かずのすけ格言　角栓を引き抜くほど、角栓とニキビが増える。

角栓ができる原因は肌への刺激だった！

ザックリまとめると……

- ①強めのスキンケアで毛穴が炎症を起こし、それを修復しようとして「角質」が蓄積し硬くなる。
- ②角質に塞がれて、毛穴の中の皮脂が外に出られず、角質と混ざって大きな「角栓」になる。
- ③角栓に含まれた皮脂やメラニン色素が、肌表面で酸化すると〝黒ずみ毛穴〟に。

CHECK 1

角栓ができるステップ

肌を刺激すると毛穴が炎症を起こします。するとこれを修復するために、毛穴周辺に「角質」が蓄積し硬くなります。毛穴の中の皮脂は、硬い角質に閉じ込められ、角質と混ざって徐々に大きな「角栓」になります。これによって毛穴も広がり、巨大化した角栓が飛び出して見えるのです。

角栓ができるメカニズム

毛穴の中の「皮脂」は、通常なら新しい皮脂が分泌されると外に押し出されるもの。しかし強いスキンケアで肌にダメージを与えると「角質」が厚くなり、中の皮脂が外に出られません。この皮脂が角質と混ざり、「角栓」になります。角栓の巨大化とともに毛穴も広がり、広がった毛穴から角栓が飛び出して見えるのです。

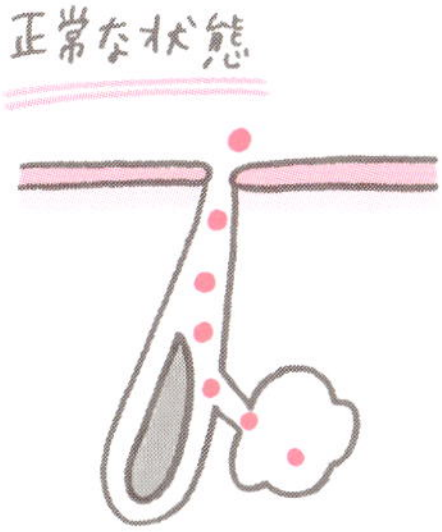

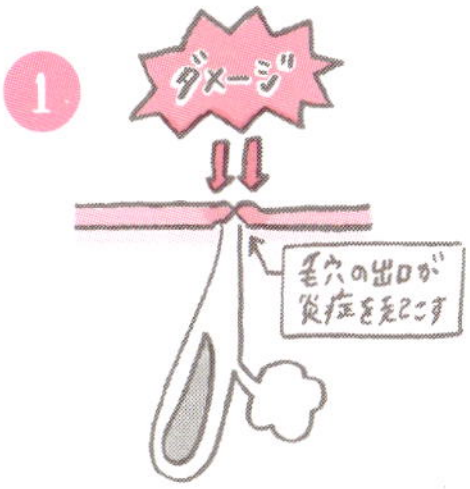

ダメージを受けた肌は毛穴の出口が炎症を起こす。

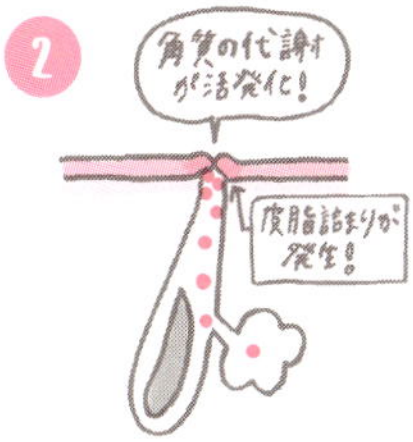

角質の代謝が活発化して皮脂が毛穴に詰まる。

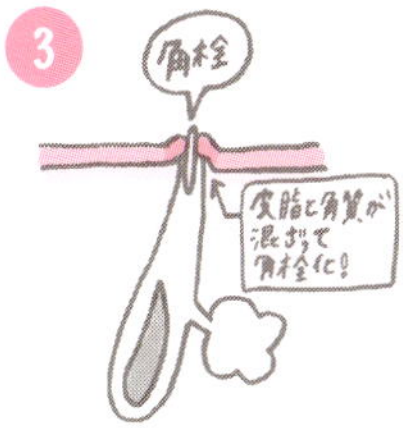

皮脂と角質が詰まり、角栓化する。

角質が硬化して、より毛穴が詰まり、黒ずみに。

CHECK 2

角栓が黒くなる原因とは?

角栓の正体は、皮脂&角質が混ざり合ったものです。この角質は「メラニン」を含んでいることがあります。

角栓に含まれるメラニンや皮脂が、肌表面で酸化すると黒くなるため、毛穴が黒ずむのです。

かずのすけ語録

小鼻の赤みは毛穴炎症サイン! ケアの見直しを

イチゴ鼻を解決する とっておきの方法

ザックリまとめると……

- 角栓が気になる部分に良質な「油脂クレンジング」を載せ、5分ほど置いて洗い流すだけ。
- 約1ヵ月は毎日やる。それ以降は、メイク落としに油脂クレンジングを使うだけでOK。
- 毛穴ケア（角栓パック、スクラブや酵素の洗顔料、毛穴引き締め系の化粧品など）は全部やめる。

CHECK 1

毛穴アプローチ系のケアは一切禁止！

角栓の根本原因は、肌への刺激です。角質除去・毛穴引き締め系の洗顔料や化粧品、強い美白成分（ビタミンCなど）は禁止。洗顔ブラシや爪で角栓を削り出すのは言語道断です。洗顔前に顔に蒸しタオルを載せるのは悪くはないものの、意味はありません。正しい洗顔&保湿を行います。

油脂を使った角栓ケア

角栓が気になるイチゴ鼻への対処法を紹介します。

使用するもの

油脂クレンジング　コレを選ぶ！

❶成分表示の“１番目”に、油脂（マカダミアナッツ油、アボカド油、アルガン油、米ぬか油、オリーブ油、ハイブリッドヒマワリ油など）が記載されているもの。少しでも「ミネラルオイル」が入っているものは避ける。

❷刺激のあるものは逆効果なので、良質な商品を選ぶ。予算的に厳しい場合は、効果は劣るが上記のキャリアオイルでもよい。

方法

角栓が気になる部分に油脂クレンジングを載せ、約５分置いて洗い流すだけ。こすったりする必要はない。

実施ペース

最初の約２週間〜１ヵ月のみ、基本的に毎日行う。それ以降はメイク落としの際に、普通に油脂クレンジングを使いつつ週に１〜２回の頻度で５分放置の方法も交える。

CHECK 2

角栓の救世主は油脂クレンジング

角栓ができるのは、皮膚表面の「角質」が蓄積して硬くなるからです。おすすめなのが、「油脂クレンジング」を使った角栓ケア。油脂には角質を柔らかくする効果があり、毛穴に詰まった角栓を排出しやすくしてくれます。

肌のターンオーバーは早い人で約１ヵ月なので、症状が軽ければそのくらいで改善する人も。ただし広がった毛穴が閉じるには時間がかかるので、重症な人は１年ほどかかることもあります。

過剰なアンチエイジングで若いうちからオバサン肌に⁉

諦めたその瞬間からオバサンだと思うんだよね
メイクこゆい
「ヌケ感」を知らない服と髪
年下の男の子が好き
アンチエイジング
熱狂！　アンチエイジング女子

特徴

- 30代を過ぎてからのコスメ選びは「アンチエイジング」
- 今の時点（少し前）で年齢を止めたい！
- 服装は109の店員に相談

DATA

年齢ここでストップ！

美白度：★★☆
潤い度：★☆☆
若作り度：★★★

ここが NG ケア

安易なアンチエイジングは後でツケがくる⁉　余計な細胞分裂のせいで早く老けるかも

Check 1

アンチエイジングの多くは細胞分裂の〝前借り〟

〝永遠の若さ〟は、女子たちの究極の願いかもしれません。ですが**過度なアンチエイジングは、逆に老化を早める場合があります**。

私たちの肌は、常に「細胞分裂」を繰り返していますが、生涯で可能な細胞分裂の回数には限界があると言われています。ターンオーバーを促す化粧品、肌細胞を活性化する美容医療などは、限りある細胞分裂の回数を前借りするもの。頻繁に行うと**細胞分裂の限界に早く到達**し、老化が早まるという考え方も。

Check 2

刺激の強いアンチエイジングでコラーゲンやエラスチンが破損

細胞分裂は常に行われていますが、特に肌が「刺激」や「ダメージ」を受けたときに活発になります。このとき、**細胞分裂が「エラー」を起こす**ことがあり、エラーが蓄積すると**壊れたコラーゲンやエラスチン**が作られます。これらは肌の弾力を保っている物質なので、この破損がシワ・たるみにつながります。刺激が老化を促す一方、多くのアンチエイジング化粧品は刺激が強めなので、注意しないと逆効果になることもあるのです。

かずのすけ格言　細胞分裂の前借り、後はどうなるか……。

シワ・たるみの原因はどこにある？

ザックリまとめると……

- 皮膚の弾力を保っているのは、真皮にある「コラーゲン」や「エラスチン」などのタンパク質。
- 年を取ると「細胞分裂」のペースが衰え、コラーゲンやエラスチンを作る繊維芽細胞が減ってしまう。
- 紫外線、活性酸素、肌刺激による細胞分裂エラーで、壊れたコラーゲンやエラスチンができることもある。

CHECK 1

原因①：加齢による細胞分裂の衰え

肌の弾力は「コラーゲン」「エラスチン」などのタンパク質によって保たれています。しかし年齢とともに細胞分裂のペースが衰え、コラーゲンやエラスチンが作られにくくなっていきます。細胞分裂の回数が限界に達すると、コラーゲンやエラスチンが作られなくなってしまう可能性もあります。

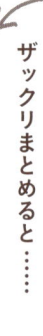

シワ・たるみができるしくみ

肌の弾力を保っているのは、基底層にある「コラーゲン」「エラスチン」。年齢とともに細胞分裂が遅くなり、コラーゲンやエラスチンを作る細胞は減少します。また紫外線、活性酸素、その他の肌刺激などで細胞がダメージを受けると、修復を図るために細胞分裂が促されます。このとき「エラー」が生じ、破損されたコラーゲンやエラスチンを作ってしまうこともあります。

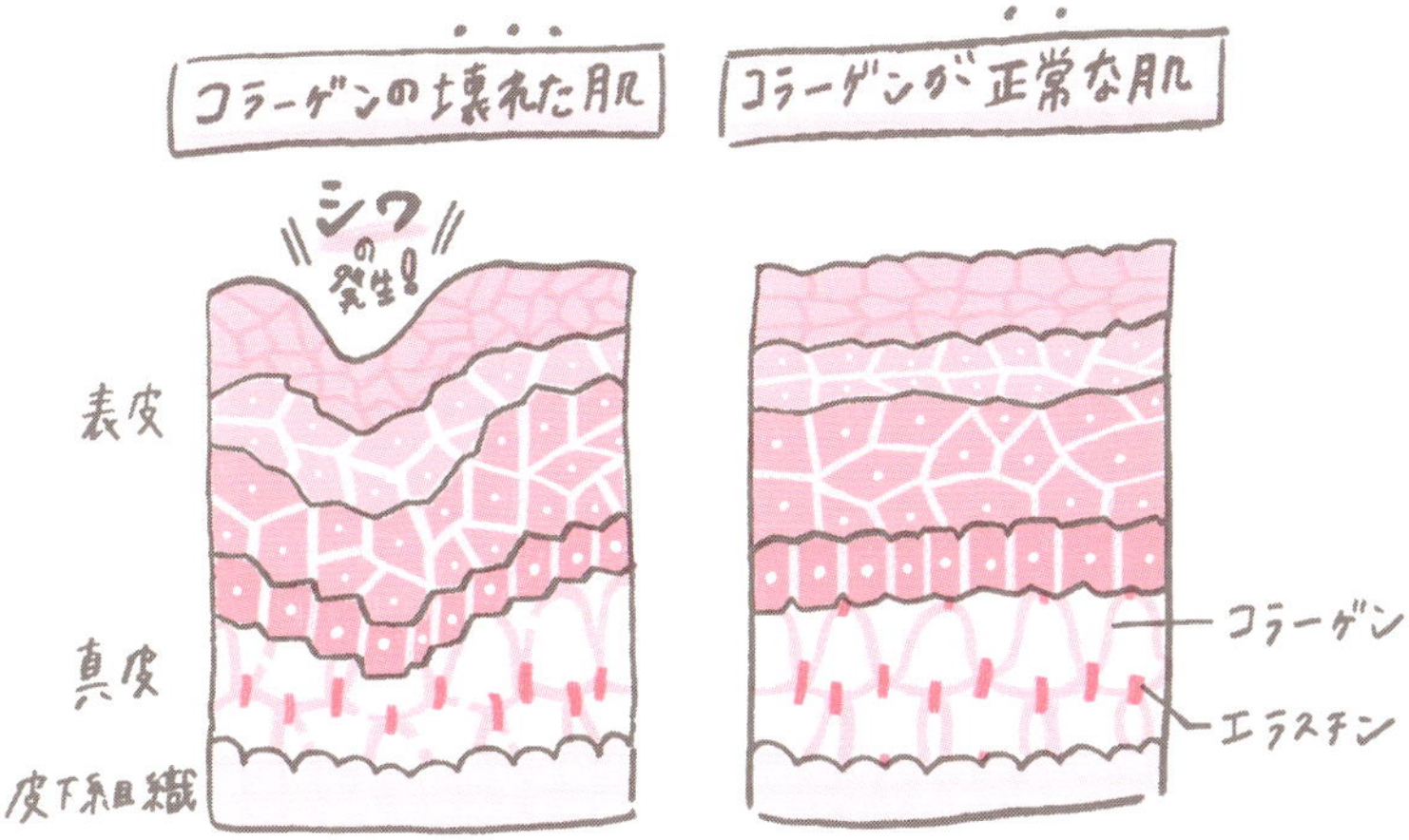
コラーゲンの壊れた肌
コラーゲンが正常な肌
シワの発生!
表皮
真皮
皮下組織
コラーゲン
エラスチン

CHECK 2

原因②：刺激による細胞分裂エラー

肌に刺激を与えると細胞が損傷し、猛スピードで分裂して修復を図ります。このとき細胞分裂にエラーが起き、壊れたコラーゲンやエラスチンが作られると、シワ・たるみの原因になります。

最大の刺激は紫外線ですが、化粧品の成分や皮膚摩擦による刺激も軽視できません。多くのアンチエイジングコスメは刺激が強く要注意。また刺激を与えるたびに、限りある細胞分裂の回数を消化してしまうことも忘れずに。

シワ・たるみは化粧品で改善できるのか？

なんで突然細かいシワが……
これ早めにどうにかしなきゃ……
突然の悩みでもう自分に自信がなくなってる
重ね塗り2回目
いろんな人にオススメのアイクリームを聞いてまわっている
eye Cream
シワシワ恐怖女子

特徴

- 鏡を見るたび、目元のシワを伸ばす
- 急遽、アイクリームを購入
- 笑いジワも気になって、表情が硬くなりがち

DATA

趣味はシワ伸ばし

美白度：★★☆
潤い度：★☆☆
クマもある度：★★☆

ここが NG ケア

年齢的なシワ・たるみは、改善できない……でも「予防」なら、できることもある！

Check 1

コラーゲン&エラスチンは肌の奥にあるから補充できない

老化によるシワ・たるみは、**肌の「コラーゲン」や「エラスチン」の不足・破損が原因**です。これらは、肌の奥深くの「真皮」にある物質。しかし化粧品は、肌表面の角質層にしか浸透できず、ましてやコラーゲンやエラスチンは分子が巨大なので、真皮には届きません。日本初のシワ改善コスメも最近発売されましたが、新成分ゆえにまだ評価は困難。**加齢によるシワ・たるみは化粧品では消せない、**というのが現時点での一般見解です。

Check 2

化粧品にできる老化対策は「予防」と「乾燥ジワの改善」

前述のとおり、老化性のシワ・たるみは、化粧品では基本的に改善しません。よって**日ごろの予防が肝心**です。予防なら化粧品にもできることがあります。その第一は、コラーゲンやエラスチンを作る繊維芽細胞を傷つける**「紫外線」を避け、日焼け止めを塗ること。**第二は、同じく**繊維芽細胞を傷つける「活性酸素」を防ぐ抗酸化成分を塗ること**です。

なお、老化性ではなく、乾燥性のシワなら、セラミドなどで保湿すれば改善も可能です。

かずのすけ格言　最強のアンチエイジングコスメは日焼け止め。

私たちにできる老化対策とは

ザックリまとめると……

- コラーゲン&エラスチンを作る繊維芽細胞を傷つける「紫外線」と「活性酸素」を避けること。
- 「日焼け止め」などで紫外線を防ぎつつ、刺激の少ない「抗酸化成分」で活性酸素をガード！
- 化粧品では年齢ジワは消えないが、乾燥ジワはセラミドなどで保湿すれば改善できる。

CHECK 1

シワ・たるみをひとまず隠すコツ

シワ・たるみ隠しには、「シリカパウダー」や「保水ポリマー」入りの基礎化粧品&メイクを選びます。シリカパウダーはシワを埋め、保水ポリマーはハリを演出。どちらも安全な成分です(「ヒアルロン酸」も保水ポリマーの一種)。目元の小ジワ用クリームも、多くはこれらの効果です。

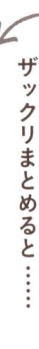

3大！アンチエイジング対策

老化対策として、次の3つがおすすめです。取り入れてみてください。

対策1 紫外線を防ぐ

最強のアンチエイジングコスメは日焼け止め。日傘、帽子なども併用すると◎。

対策2 活性酸素を防ぐ

「抗酸化成分」入りの化粧品が効果的。ビタミン類やβカロテン、L-システインなどを食事で摂取するのも効果的。

対策3 乾燥ジワの予防・改善

セラミド入りの化粧品などで、乾燥ジワは改善できる。

CHECK 2

「活性酸素」と「抗酸化成分」とは

活性酸素とは酸化力を強く持った「酸素」の一形態。体内で細菌やウィルスと戦ってくれる一方で、過剰に増えると強力な酸化力がアダとなり、細胞を傷つけます。体内で生成される以外にも紫外線などの影響で空気中に発生する場合もあります。

化粧品で可能な対策としては活性酸素を除去する「抗酸化成分」によって肌表面の酸化を抑えれば◎。おすすめは「アスタキサンチン」や「ビタミンC誘導体」などです。

※酸化：物質が酸素と結びつく反応。酸化すると物質は変質して壊れてしまう場合もある。金属のサビも酸化現象のひとつ。

香料は体内に蓄積して アレルギーを発症するリスクが

もうアロマなしじゃ
リラックスできないなぁ
アロマはイランイランとローズが好き
色気のある香りじゃないと嫌
寝るときはラベンダー&ベルガモット
愛用したらずっと使う
香りつけすぎ"香害"女子

特徴

- 自宅ではアロマオイルを炊いている
- お風呂はアロマバスに
- 出かけるときは必ず香水をつける

DATA

欠かさず香水

美白度：★★☆
潤い度：★☆☆
リネンスプレーも好き：★★★

ここがNGケア

香料が何種類も入った化粧品は避けるが吉。同じ香りのヘビロテで、アレルギー発症も

Check 1

「香りを感じる」＝化学物質を体内に吸収している

化粧品やフレグランス、さらには日用品など〝香り〟のいいアイテムは女子の大好物。しかし**「香料」には、天然物・合成物問わずアレルギーのリスク**があります。肌に直接触れないアロマテラピーなどでも同じです。

人が香りを感じるのは、揮発《きはつ》した化学物質が鼻腔内の嗅覚受容体にキャッチされるから。すなわち香りを感じている間は、**化学物質を体内に吸収している**のです。さらに芳香物質の多くは体内に蓄積する性質も。

Check 2

よく嗅ぐ香りほどアレルギー発症の可能性が

「花粉症はある日突然発症する」と耳にしたことはありませんか？　これは花粉を吸い込む量が、その人の花粉に対する閾値《いきち》（体内で物質を受け止められる限界量）を超えてしまったからです。これと同じことが、アレルギーリスクの高い香料でも起こるのです。

つまり同じ香りを嗅ぎ続けるほど、**その香り成分に対する閾値を超える可能性が高く、アレルギーを発症しやすい**ということ。お気に入りの香りでもヘビロテはNGです。

香料でアレルギーを発症する理由

ザックリまとめると……

- 「香りを感じる」ということは、香料の化学物質が、鼻孔から体内に吸収されているということ。
- 同じ芳香成分を吸い続けると、いつか閾値を超えてアレルギーを発症する可能性がある。
- 特に「ラベンダー」のアレルギー疾患率は、日本人の約8％に及ぶというデータも。

CHECK 1

日本人の約8％はラベンダーNG！

ある調査結果では、日本人は100人中8人が「ラベンダー」にアレルギーがあると言われています。これは私の推測ですが、ラベンダーはリラックスや安眠の効果があるとのふれこみから、日本では特に人気が高く、化粧品やアロマテラピーで接触する機会が特に多いせいかもしれません。

香料とアレルギー

肌に触れなくても、芳香成分は鼻孔から体内に侵入しています。この量が閾値を超えるとアレルギー発症もあります。

［各精油（エッセンシャルオイル）の皮膚に対する刺激性］

刺激性接触皮膚炎が懸念される成分		
皮膚刺激	アルデヒド類	シトロネロール、ゲラニオール、ネラール、シトラール
	オキサイド類	1,8-シネオール
	フェノール類	チモール、カルバクロール、オイゲノール、サフロール
	エーテル類	アネトール
	モノテルペンアルコール	メントール
光毒性・皮膚刺激	ラクトン類	ベルガプテン、クマリン、5-メトキシプソラレン
	テルペン系炭化水素類	リモネン、ピネン、テルピネン

［アレルギー性接触皮膚炎が懸念されるオイルと成分］

成分	エッセンシャルオイル
リモネン ピネン メントール	エレキャンペーン、ガーリック、クローブ、コスタス、シナモン、ティーツリー、ハッカ、バーベナ、ラベンダー、レモングラス、ローズマリー

［光毒性が懸念されるオイル］

エッセンシャルオイル
アンジェリカ・ルート、クミン、グレープフルーツ、ジュニパー、ビターオレンジ、ベルガモット、ライム、レモン

今西二郎（2015），「医学的側面からの安全性と禁忌」，aromatopia NO.133（フレグランスジャーナル社）より引用

CHECK 2

アロマテラピーもやるなら注意を

同じ香りを嗅ぎ続けると、閾値を超えてアレルギーを発症しやすくなります。香料が何種類も入った商品は避け、好きな香りのヘビーユースにも注意してください。

なお上記のリスクは天然香料の「精油（エッセンシャルオイル）」でも同じことが言えます。アロマテラピーで頻繁に用いるアイテムですが、アレルギーが起こるリスクを踏まえて濃度や使用頻度に注意しましょう。

※光毒性：肌についた状態で紫外線に当たると炎症や火傷などの重大なダメージを与える。

“クマ”は美白してもムダ！ 改善のヒントは洗顔にあり？

目の下にクマ飼い女子

特徴

- いつも目の下に茶グマを飼っている
- 夏でも手足が冷たい
- 仕事が遅いので常に睡眠不足

DATA

クマと仲よし

美白度：★★☆
潤い度：★☆☆
寝てもクマが消えない：★★★

ここがNGケア

〝茶グマ〟の改善は洗顔の見直しから。美白はムダどころか悪化する可能性大！

Check 1

血行不良が原因のクマなら薄くできるけど……

寝不足でもないのに常にある、目の下の「クマ」。なんとか解消しようとする女子もいますが、やり方を間違えると逆効果です。

クマにも種類があり、**〝青グマ〟は血行不良が原因なので、血行を良くすれば改善が見込めます**。蒸しタオルなどで目元を温めましょう。血行促進作用のある**「トコフェロール酢酸エステル」**などの有効成分配合の医薬部外品も、ある程度の効果は望めます。ただし目元は皮膚が薄いので、**敏感肌の人は禁物**です。

Check 2

色素沈着のクマは美白しても刺激になって悪化するだけ

一方の**〝茶グマ〟は、色素沈着が原因**。女子はクレンジングの際に目元をこするため、その刺激でメラニンを含む角質が蓄積している人が多くいます。美白化粧品を塗る人もいますが、すでにお伝えしたように、美白化粧品の基本効果は予防。むしろビタミンCなどの美白成分は刺激が強いので、クマが悪化することも。**落ちにくいアイメイクや、強くこするクレンジングをやめて悪化を防ぎつつ、潔くメイクでカバーしましょう。**

かずのすけ格言　茶グマ解消は長期戦。悪化を防ぎつつ、気にしないのがベスト。

ファンデーションはやっぱり肌に悪いのか？

どれがいいのか
全然わかんないよぉ……
全部崩れるような……
光の効果でシワを目立たなくするラメファンデ
夕方にシワに入りこむファンデーション
崩れないらしいリキッドファンデ
「夕方までピタッと密着！」らしいパウダーファンデ

ファンデ選びで迷子女子

特徴

- パウダー、リキッド、クリーム、どれがいいか迷う
- 夕方の化粧崩れが気になる
- 化粧のりが悪いと、いつの間にか厚塗り

DATA

ファンデジプシー

美白度：★★☆
潤い度：★★☆
下地も
迷子：★★☆

ここがNGケア

〝脱ファンデ〟や〝ミネラルファンデ〟にこだわる必要はなし。視野を広く持って！

Check 1

ファンデーションは基本そんなに肌に悪くない

ファンデーションに入っている化学物質を心配し、〝脱ファンデ〟を試みたり、〝ミネラルファンデ〟に移行したりする人がいます。

しかしファンデーションは肌に載せるものなので、**刺激になる成分は原則的に使われません。**合成界面活性剤も、静電気（＝刺激）を帯びない「非イオン系」のものが中心なので、この点はご安心を。特にパウダータイプは肌表面に載せるだけなので、**角質層にすら浸透せず、肌への負担は少なめです。**

Check 2

ミネラルや自然の成分がすごいわけではない

ナチュラルな印象で人気の「ミネラルファンデーション」。ここで言うミネラルとは、**酸化チタン、酸化亜鉛、酸化鉄、マイカなどの「鉱物」**です。これらは、実は普通のファンデーションにもよく使われます。

また、自然派ブランドのリキッドファンデーションには、植物系の油脂が入っていることもあります。**油脂は陽に当たると酸化して肌刺激に。**ブランドやイメージにとらわれず、全体的な処方を見ることが肝心です！

かずのすけ格言　鉱物も化学物質だし、採れたままではなく化学処理したもの。

ミネラルファンデ VS 普通のファンデ 徹底比較

ザックリまとめると……

- ミネラル系に限らず普通のファンデーションも鉱物をよく使っており、主要原料のタルクやシリカも鉱物。
- 普通のファンデ＝◎酸化しない◎使用感がよい／×シリコーンが多いものは洗っても落ちにくい。
- ミネラルファンデ＝◎洗顔料で落ちる◎油分なしが多い／×金属アレルギー×使用感がイマイチ

CHECK 1

普通のファンデにもミネラルは含まれる

　ミネラルファンデーションのベースは酸化チタン、酸化亜鉛、酸化鉄、マイカといった粉状の「鉱物」。これらをミネラルと呼んでいます。

　一方、普通のパウダーファンデのベースはさまざまな粉体ですが、よく配合されるシリカやタルクも鉱物。ミネラルは特別すごくはありません。

普通のファンデーションによくある不安

ファンデーションを選ぶとき、肌に直接つけるため、成分への不安はありませんか？　次の点を参考にしてください。

合成界面活性剤

ファンデーションには、静電気（刺激）を与えない「非イオン界面活性剤」を中心に配合されるので安心。

タルク

発ガン物質の「アスベスト」がタルクに含まれていたのは韓国。日本のタルクには不純物は含まれていない。

タール色素（「○色○号」など）

多く入ったものは×。ただし国産ファンデーションの場合、タール色素を配合することは意外と少なく、主原料は鉱物（ミネラル）が多い。

合成ポリマー

保湿などの目的で配合される極めて安全な成分。人気の「ヒアルロン酸」も合成ポリマー。むしろ合成ポリマーのほうが、ヒアルロン酸よりも刺激が低い。

※リキッドタイプのミネラルファンデーションは、水分と油分の乳化が必要なので、普通のファンデーションと同様に「合成界面活性剤」も配合されている。ミネラルはあくまでも成分の一部。

CHECK 2

ミネラルファンデに死角はなし？

ミネラルファンデーションに含まれる鉱物は酸化防止処理済みですが、汗やビタミンCと反応すると酸化する可能性も。

また普通のファンデと違ってほぼオイルフリーなので、単純に粉だけの密着になるためカバー力が弱く毛穴浮きや毛穴落ちが発生しやすいのも難点。金属粉体のコーティングがされていないものは酸化亜鉛や酸化鉄が汗に混ざると金属アレルギーを起こしてしまう場合もあります。

肌に優しいファンデーションの選び方

ザックリまとめると……

- アレルギーリスクのある精油、香料、タール色素、乾燥を招きやすい紫外線吸収剤はなるべく避ける。
- リキッドよりもパウダーのほうが、皮膚に触れる総面積が小さいため肌への負担が少ない。
- リキッドはシリコーンかエステルオイルベースで、刺激成分が高濃度でないこと。優しい下地の併用も◎。

CHECK 1

肌に優しいのはパウダーファンデ

ファンデーションは肌に塗るものなので、リスクのある成分は普通は入れず、合成界面活性剤も刺激のない「非イオン系」が基本になります。

より肌に優しいのは、リキッドよりも肌に触れる面積が少ないパウダーファンデ。低刺激な下地を併用すれば、肌への負担はさらに減ります。

リキッドファンデーションの確認ポイント

リキッドファンデーションを選ぶ際は、次の点に気をつけるようにしましょう。

ベースの油分

「シリコーン」か「エステルオイル」が◎。動植物の「油脂」は酸化するので×。

- 鎖状シリコーン（ジメチコンなど）は重めの皮膜剤なので、高濃度だと洗っても落ちにくく、毛穴詰まりすることが。ベースの油分がこれの場合は、成分表の1番目は「水」のほうが安心。
- 環状シリコーン（シクロペンタシロキサンなど）は蒸発する軽めの皮膜剤なので、毛穴詰まりにしくい。「シクロ…」とあればこのタイプ。

＊成分名の末尾に「〜コン」または「〜シロキサン」と付いていたら、シリコーンオイルで確定！

できれば避けたい成分

精油、香料、タール色素（〇色〇号など）、紫外線吸収剤（主に「メトキシケイヒ酸エチルヘキシル（高濃度でなければ可））。

成分表の5〜6番目くらいまでにある場合は要注意

×「エタノール」「DPG」「PG」「ペンチレングリコール」「ヘキサンジオール」。

＊「アルコールフリー」で、「BG」や「グリセリン」が上位にあるものは優しめ♪

CHECK 2

リキッドファンデを選ぶときの注意点

リキッドは成分表の上位に刺激成分がないか確認します。アルコールフリーで、「BG」または「グリセリン」入りの商品は優しい処方です。

ベースの油分は、安定性が高く酸化しないシリコーンかエステルオイル（P84参照）が◎。油脂は微量なら可ですが、酸化するので高濃度はNG。

かずのすけ語録

優しさ優先なら低刺激な下地＋パウダーファンデ

皮脂崩れを防ぐ化粧下地で肌の調子が崩れていく……

夕方まで崩れないように
絶対汗かかないようにしなきゃ
下地に1番
時間をかける
韓国コスメ大好き
フラ
フラ
超崩れない下地を使用女子

特徴

- 「崩れない！」が謳い文句のCMに惹かれる
- あぶらとり紙がポーチの中に入っている
- 汗っかきなので、夏は特に化粧がすぐ剥げる

DATA

崩れたくない！

美白度：★★☆
潤い度：★☆☆
毛穴に
叩き込む：★★★

ここがNGケア

皮脂崩れを防ぐ下地は強力なクレンジングが必須！ 毎日使うと肌が劣化していくことも

Check 1

皮脂をブロックしているのは 強い皮膜を作るフッ素系シリコーン樹脂

「メイクしたての肌が続く♡」「夕方になってもテカらない♪」――このように皮脂崩れを防ぐと謳う化粧下地。しかし毎日使うことは、長い目で見ると得策ではありません。

皮脂崩れを防ぐ成分は、**「フルオロ変性シリコーンレジン」**というものが主流で、フッ素加工したシリコーン樹脂です。粉体表面に撥水・撥油性《はつゆせい》を持たせて汗や皮脂に溶けない加工を施しています。非常に強い皮膜剤なので、**毛穴詰まりしやすく、ニキビの原因に。**

Check 2

ミネラルオイル系じゃないと 落ちないから肌への負担大！

クレンジング剤は本来、油脂が理想です。しかしフッ素系シリコーン樹脂のような強力な皮膜剤は、**ミネラルオイルかエステル油でないとなかなか落ちません。**ミネラルオイルなどは、肌に直接触れると皮脂を吸収し、乾燥を招きます。こんな油で毎日洗えば、肌は確実に負担を蓄積していきます。皮脂崩れを防ぐ下地は、**ここぞという大切な日だけ使うのがベター**。あるいは優しい下地を塗り、その上に重ねると比較的オフしやすくなります。

かずのすけ格言 下地選びは"落としやすさ"まで考えるのがミソ。

皮脂崩れを防ぐ下地のデメリット

ザックリまとめると……

- 皮脂崩れ防止用の下地は、フッ素系シリコーン樹脂を使ったものが多く汗や皮脂で落ちない。
- ミネラルオイルなどの強力なクレンジングが必要になり、肌への負担大。毛穴詰まりもしやすい。
- 下地の成分表を見て、名前の一部に「フルオロ」が付く成分があったら、このタイプの確率が高い。

CHECK 1

皮脂崩れを防ぐ成分の正体は？

単にメイクの持ちが良いレベルでなく、「皮脂崩れ防止」を売りにした下地には注意しましょう。この魔法の正体は、主にフッ素系シリコーン樹脂です。下地の主成分であるシリコーンにはちゃんと溶けるのに、その他の油（皮脂など）には溶けないもので、強力な粉体皮膜剤です。

注意すべき皮脂崩れ防止成分

皮脂崩れを徹底ブロックする下地には要注意。フッ素加工したシリコーン樹脂（フルオロ変性シリコーンレジン）を配合している場合、強力なクレンジング剤じゃないと落ちません。例えば、以下のような成分です。

［成分名の例］

「パーフルオロアルキル(C4-14)エトキシジメチコン」
「トリフルオロアルキルジメチルトリメチルシロキシケイ酸」など

＊名前の一部に「フルオロ」が付く成分は、これの可能性大！

［ファンデーションの肌接触］

パウダーとリキッドでは、肌への接触度が異なります。

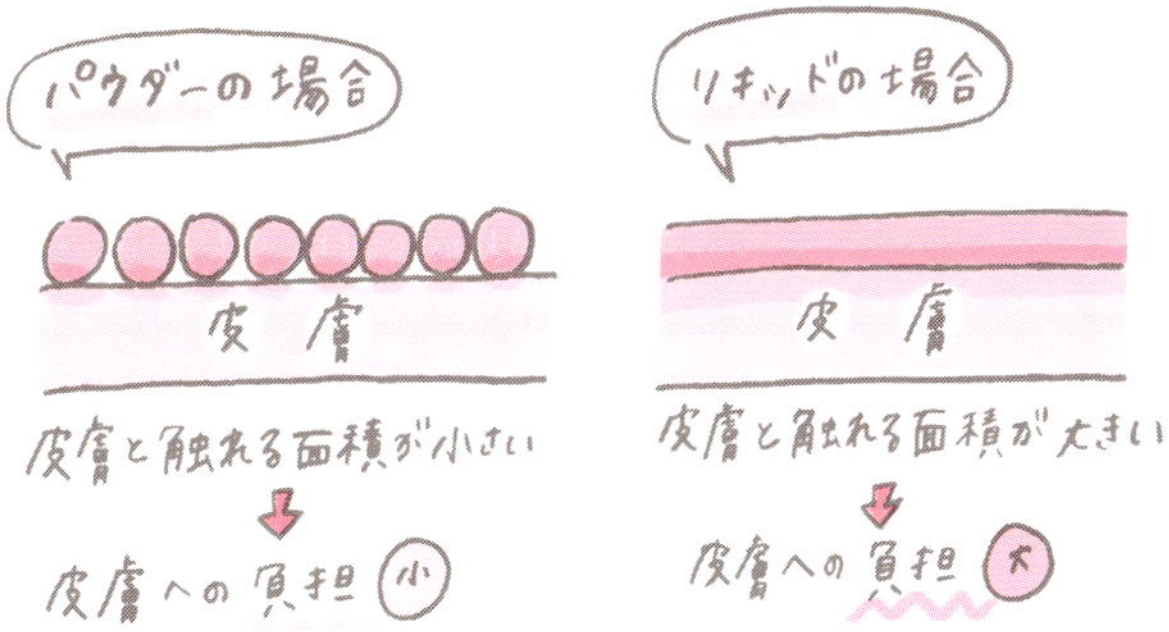
パウダーの場合
皮膚
皮膚と触れる面積が小さい
皮膚への負担 小
リキッドの場合
皮膚
皮膚と触れる面積が大きい
皮膚への負担 大

CHECK 2

皮膚刺激はなくても強い洗顔が肌負担に

このシリコーン樹脂は正式には「フルオロ変性シリコーンレジン」といいます。これ自体に刺激はないのですが、水分や油脂にはほとんど溶けないためミネラルオイルやエステル油などの強力なクレンジングが必須です。これが肌の負担になり、洗い残した成分が毛穴に詰まるとニキビになってしまうこともあります。

かずのすけ語録

皮脂崩れ防止下地は、大切な日だけ活用するのが正解

崩れにくいのにサッと落ちる下地（&リキッド）を選ぶコツ

ザックリまとめると……

- クリームよりも、ミルク（二層式のもの）のほうが崩れにくい。特にウォータープルーフのもの。
- 皮脂を吸着する粉（酸化チタンなど）が多いと崩れにくい ※金属アレルギーだと酸化亜鉛などは△。
- 強力な皮脂崩れ防止下地を塗りたい場合は、優しい下地のあとに重ね塗りすると、洗浄しやすくなる。

CHECK 1

崩れ防止の下地をラクに落とす裏ワザ

崩れにくいメイクほど強いクレンジングが必要なため、強力な崩れ防止の下地を使うことは本来NG。でも裏ワザを使えば比較的大丈夫です。

落としやすい下地（or日焼け止め）を塗り、その上に崩れ防止の下地をオン。単品使いよりは崩れにくく、肌に直接膜を張らないので比較的クレンジングが容易です。

崩れにくさ＆洗浄しやすさを両立するには

そのまま使うと肌への負担が大きいものでも、使い方次第で上手く活用できます。

重ね塗りテク

最初にサラリと落ちる下地か日焼け止めを塗り、その上から落ちにくい下地をオン。

＊このテクニックは、強力なリキッドファンデや日焼け止めにも利用できます。

商品選びの目安

一概には言えませんが、紫外線散乱剤ベースのミルク（特にウォータープルーフ）は、わりと崩れづらく、油脂クレンジングでも落とせるものが多いです。

＊リキッドファンデや日焼け止めも同様。

下地の構造はリキッドファンデとほぼ同じ。肌に優しい選び方は、リキッドファンデを参照（P134-135）。

CHECK 2

そこそこ崩れず油脂でも落ちる下地

界面活性剤には洗浄作用があるため、この量が少ないほど崩れにくくなります。ミルクは乳化用の界面活性剤が少ないので、クリームよりも崩れにくいのです。ミルクは自分で容器を振って中身を混ぜる二層式のものです。

さらに、酸化チタン、酸化亜鉛などの「紫外線散乱剤」や「タルク」などのパウダー成分は皮脂を吸着する性質があるので、これらが多いと崩れにくくなります。ただし金属アレルギーの人は、酸化亜鉛と酸化鉄は△です。

ベビーパウダーをお粉として使うとニキビ肌に!?

赤ちゃんって良いよね……
世間の荒波から守られててさ
「失敗しちゃった！」とか言ってるけど本当は幼さをアピるためのオンザ眉
「ツヤ肌」に興味はない
パフ
パフ

目指せ赤ちゃん肌♡
ベビパ女子

特徴

- 仕上げにベビーパウダーを使っている
- 赤ちゃんの肌がうらやましい
- 目指すは「赤ちゃんメイク（童顔メイク）」

※結合剤：粉体を固めるために使われる油分。少ないほど被膜が優しい。ルースパウダーは結合剤をほぼ含まない。フェイスパウダーは多少の結合剤を使うが、それでも少なめ。

DATA

つるぴか肌が憧れ

美白度：★★☆
潤い度：★☆☆
チークも必須度：★★★

ここがNGケア

オトナ女子にベビーパウダーはもうキツイ！ニキビの原因にもなるので普通のパウダーを

Check 1

ベビーパウダーは酸化亜鉛などで汗や皮脂を防いでいる

ベビーパウダーは赤ちゃん用商品だから肌に優しそうだし、リーズナブル。なのに肌に塗ると「テカリを防げる！」「毛穴レスの美肌に見える！」と、意外な実力で注目され、お粉として使う女子が増えているそうです。

ベビーパウダーは赤ちゃんのあせもを防ぐ商品なので、**毛穴を閉じて汗や皮脂を防ぐ「酸化亜鉛」を配合**しています。酸化亜鉛は化粧品にも使われますが、ベビーパウダーの酸化亜鉛は、実はちょっと違います。

Check 2

ノンコーティングの酸化亜鉛は毛穴が詰まりやすい

ベビーパウダーに配合されている酸化亜鉛はコーティングされておらず皮膚と反応して微弱な炎症を起こして毛穴を引き締める作用(収斂《しゅうれん》作用)があります。一時的に毛穴が引き締まるので喜ぶ人も多いですが、**皮脂分が多い大人の場合は毛穴が詰まりニキビなどの原因になる場合も。**肌に優しいお粉なら、**ルースパウダーやフェイスパウダーが◎。**結合剤(※)が少なく低刺激です。

かずのすけ格言　オトナ女子にベビーパウダーは通用しない。

日焼け止めの使い方で、数十年後の肌が変わる

365日"SPF50"女子

特徴

- 「絶対焼かない!」が口癖
- いちばん強いSPF・PAの日焼け止めを1年中塗る
- ボディは意外と気にしないので焼けている

DATA

肌の白さが重要

美白度：★★★
潤い度：★☆☆
白浮きを気にしない：★★★

ここがNGケア

最強の美白＆老化対策コスメは日焼け止め。ただし365日SPF50は肌に悪影響も！

Check 1

肌が黒くなるのも老化するのも
最大の原因は「紫外線」！

　大人女子が化粧品に求める効能と言えば、「アンチエイジング」「美白」。その両方を応援してくれる最強コスメは、日焼け止めです。極端に言えば**超高級美容液より、コンビニの安い日焼け止めのほうが美容効果は高いのです。**

　シミや日焼けの最大原因が紫外線ということは、大人女子なら常識だと思いますが、老化の最たる原因も紫外線なのです。これを「光老化」と言います。一説では、老化の原因の約８割は光老化とも言われています。

Check 2

日焼け止めは毎日塗るべき。
ただし普段はSPF30程度で充分

　紫外線を防ぐには日傘や帽子も良いのですが、これだけだと地面から反射する分を防げないので、やはり日焼け止めはマスト。紫外線は季節や天候に関係なく降り注いでいるので、**日中は欠かさず塗るのがおすすめ**です。

　ただし、常にSPF50レベルの日焼け止めを塗るのは考えもの。SPFが高いと肌への負担も増えがちです。**日常生活では高くてもSPF30程度で充分。**屋外に長時間いるときだけSPF50のものを使うとよいでしょう。

かずのすけ格言　毎日の日焼け止めが、数十年後の若さにつながる。

紫外線＆日焼け止めの基礎知識まるわかり講座

ザックリまとめると……

- 私たちがブロックすべき紫外線には、「UVB」と「UVA」の2種類がある。
- UVB（強力なエネルギーの光線）は日焼け・シミの原因で、これを防ぐ指標が「SPF」。
- UVA（弱いエネルギーだけど長く届く光線）はシワ・たるみの原因で、これを防ぐ指標が「PA」。

CHECK 1

「UVB」「UVA」それぞれの特徴

強い紫外線「UVB」は即座に肌に炎症を起こし、日焼け・シミの原因に。一方、弱い紫外線「UVA」は浴びてもすぐに影響はありません。しかし波長が長く肌の奥に届くため、細胞をジワジワ傷つけます。DNAや、コラーゲン・エラスチンを作る細胞が何度も傷つくといずれシワ・たるみに。

SPFって何？

SPFとは、「紫外線を浴びてから、肌に“炎症（サンバーン）”が起きるまでの時間を通常よりもどのくらい遅らせられるか」を示す数値です。普段20分でサンバーンを起こす人がSPF10の日焼け止めを塗ると、理論上はサンバーンまでの時間が10倍の200分まで延長されることになります。

ただしSPF試験はかなりの厚塗り前提で試験をしているため、実際にはその数値の5分の1程度の効果と考えて、極力頻繁に塗り直しをするのがベターです。

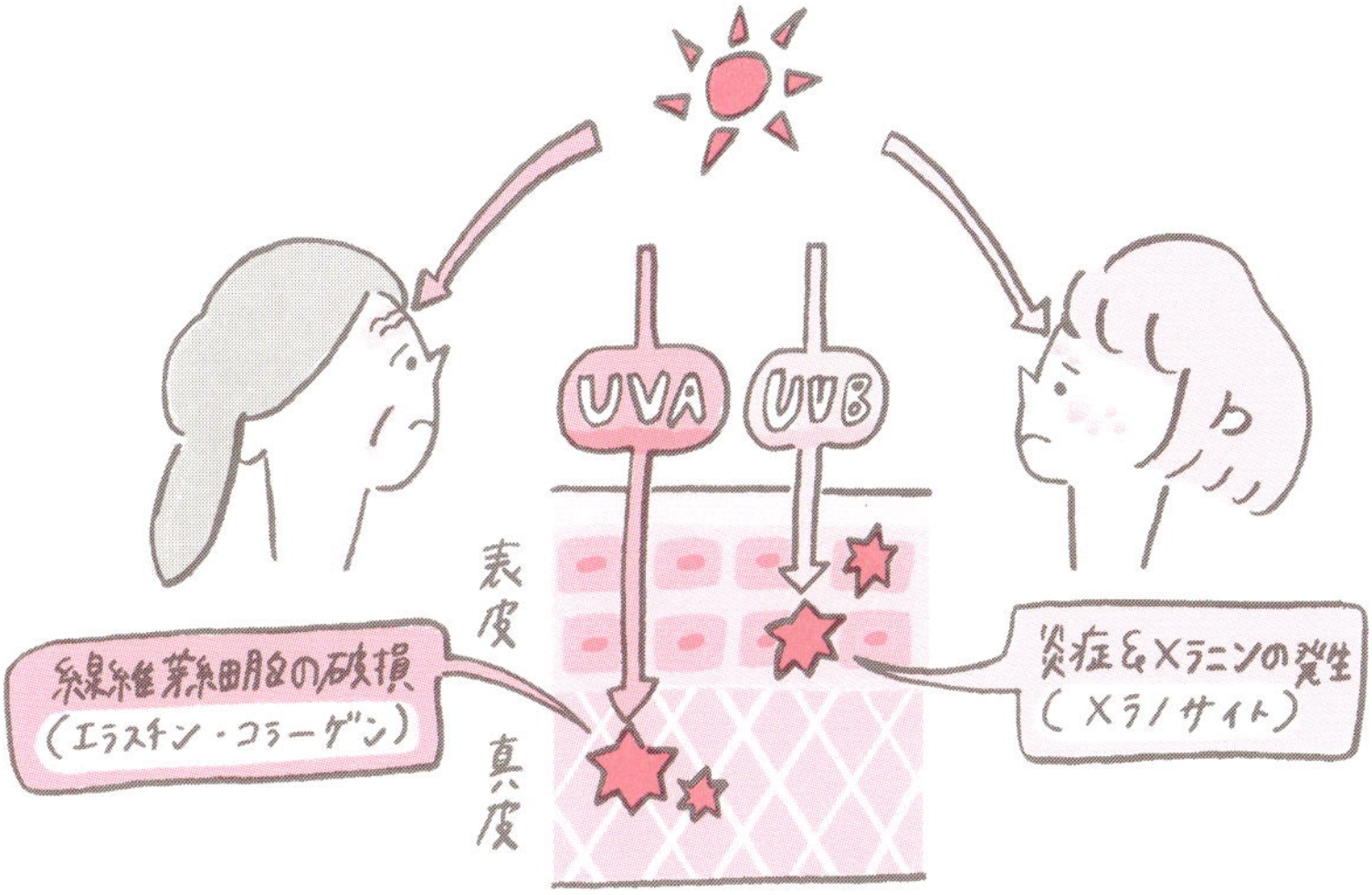
UVA
UVB
表皮
真皮
線維芽細胞の破壊
（エラスチン・コラーゲン）
炎症&メラニンの発生
（メラノサイト）

CHECK 2

「SPF」と「PA」って何？

「SPF」とは、シミの原因・UVBを防ぐ指標のこと。UVBを浴びるといずれ赤みを伴う炎症（サンバーン）を引き起こしますが、SPF30ならこのサンバーン発生までの時間を30倍遅らせることができるということ。現時点では「SPF50+（SPF51以上）」が最高レベルです。

「PA」はシワの原因・UVAを防ぐ指標で、「+」マークの数でレベルが表されます。現時点では「PA++++」が最高値です。

紫外線吸収剤or散乱剤の使い分けがポイント

ザックリまとめると……

- 日焼け止めに配合される紫外線防止剤には、「紫外線吸収剤」「紫外線散乱剤」の2種類がある。
- 吸収剤は紫外線防御力が高いが、肌の乾燥も。散乱剤は紫外線防御力は劣るが、肌負担はほぼゼロ。
- 普段はSPF30程度で散乱剤のもの、長時間外にいるときは吸収剤を使ってでもSPF50程度が◯。

CHECK 1

紫外線吸収剤ってどんなもの?

「紫外線吸収剤」とは紫外線のエネルギーを熱に変えて外に放つもの。紫外線防御力や使用感は良いのですが、肌が乾燥しやすく、まれに刺激も。乾燥や刺激は、成分が紫外線を浴びて化学反応を起こすことで生じるので、帰宅すると肌が疲れている感じがします。

日焼け止めの使い分け

日常生活ではSPF50は不要なので、SPF30までで散乱剤ベースのものを選びましょう。長時間外にいるときは、必要に応じて紫外線吸収剤も活用し、SPF50程度のものを。PAはいずれも「PA＋＋」以上を目安にします。

吸収剤の刺激が心配な人は……

最初に散乱剤ベースの優しい日焼け止めか下地を塗り、その上から吸収剤の日焼け止めを塗ると、乾燥や刺激をある程度防げます。重ね塗りする分、UV防止効果もアップ（ただしSPF30＋SPF50 ＝80、という図式にはならない）。

NGポイント

×ジェル、スプレー

ジェルはアルコール系の溶剤が多く、刺激を感じることも。また紫外線吸収剤は、環境への悪影響を指摘されており、体内に入った場合のリスクは未知数。スプレー系は呼吸器から体内に吸い込んでしまう懸念も。

×油脂入り

油脂や植物オイルが多く入ったものは、日焼け止め効果が高くなりますが、オイルが酸化して皮膚に色素沈着することがある。

CHECK 2

紫外線散乱剤ってどんなもの？

「酸化亜鉛」「酸化チタン」に代表される「紫外線散乱剤」は、物理的に紫外線を跳ね返すだけなので、肌への負担はほぼゼロ。ただ白い粉末なので配合量によっては白浮きしやすく、紫外線防御力は吸収剤に劣ります。なお金属アレルギーの人は、酸化亜鉛は合わないことがあります。

かずのすけ語録

日焼け止めはTPOに応じて使い分けるべし

紫外線防止剤一覧

● 日本でよく用いられる紫外線吸収剤

名称	得意な紫外線	配合可能量（%）	刺激の目安
メトキシケイヒ酸エチルヘキシル	UVB	20	低
メトキシケイヒ酸オクチル	UVB	7.5	中
ジエチルアミノヒドロキシベンゾイル安息香酸ヘキシル	UVA	10	中
ドロメトリゾールトリシロキサン	UVA	15	低
オキシベンゾン -3（オキシベンゾン）	UVB+UVA	6	高
オキシベンゾン -4（スルイソベンゾン）	UVB+UVA	10	中
ブチルメトキシジベンゾイルメタン（アボベンゾン）	UVA (long)	3	高
テレフタリリデンジカンフルスルホン酸	UVA (long)	10	中

● 紫外線散乱剤

名称	得意な紫外線	配合可能量（%）	刺激の目安
二酸化チタン	UVB+UVA	規制なし	非常に弱い
酸化亜鉛	UVA (long)	規制なし	非常に弱い

医薬部外品の有効成分一覧

機能	名称	効果の強さ
抗炎症	グリチルリチン酸ジカリウム	優しめ
	グリチルレチン酸ステアリル	優しめ
	アラントイン	強め
血行促進・代謝活性	酢酸トコフェロール	優しめ
	ビタミンＡ油	中
	パルミチン酸レチノール	中
	dl-カンフル	強め
美白	プラセンタエキス	優しめ
	L-アスコルビン酸２グルコシド	優しめ
	リン酸L-アスコルビルマグネシウム	中
	L-アスコルビン酸	強め
	コウジ酸	中
	アルブチン	優しめ
	m－トラネキサム酸	優しめ
	ルシノール	中
殺菌・抗フケ	イソプロピルメチルフェノール	強め
	塩化ベンザルコニウム	とても強い
	ユーカリ油	強め
	ハッカ油	強め
	ヒノキチオール	強め
	ピロクトンオラミン	とても強い
	ミコナゾール硝酸塩	とても強い
	ジンクピリチオン	とても強い
角質剥離	サリチル酸	とても強い
	イオウ	とても強い
	尿素	中

※「効果が強い＝副作用のリスクも大きい」ということに注意。

着色料が肌に影響を与えることは？

特徴

- パステル系の色が好き
- 「自分だけの色～★」に気持ちが高揚
- 常に血色が悪く、口紅、チークが欠かせない

DATA

リップが欠かせない

美白度：★★☆
潤い度：★☆☆
「私らしく」がモットー：★★★

※pH：液体の酸性やアルカリ性を示す指標。1～14の数字で表され数値が低いほど酸性が強く高いほどアルカリ性が強くなる。pH＝7は中性。

ここがNGケア

アレルギーがなければ着色料は心配無用だが「リップティント」は、唇がどす黒くなる!?

Check 1

着色料のアレルギーはピンポイントで発症する

メイク用品に欠かせない「赤色3号」などの**「タール色素」**。最近はミネラルコスメが人気で、酸化鉄などで色をつける化粧品もありますが（酸化鉄はもともとオレンジ色）、発色の美しさはタール色素に及びません。

タール色素に刺激はありませんが、アレルギーを発症する人もいます。これはタール色素すべてがダメなのではなく**「黄色5号はダメ」などピンポイントで発症します**。ですから、それを除けば普通は心配いりません。

Check 2

ただし色味が変わるコスメは化学反応を利用している

若い女子に最近ブームなのが、色鮮やかな唇になれる「リップティント」。肌質や体温によって、人それぞれ違った発色になる点も人気のようです。このしくみは、そのときの**pH（※）に応じて成分が化学反応を起こし、色が変化するのです**。しかし化粧品の皮膚刺激とはそもそも皮膚の上で起こる化学反応が原因です。化学反応によって成分が肌のタンパク質と結合すると、**色素沈着して唇の色が汚くなったり、唇が荒れたりすることもあります。**

かずのすけ格言　変色系コスメは、自分の肌も変色するかも。

BBクリームは万能コスメではない

お手軽BBクリーム女子

特徴

- BBクリームやCCクリームを愛用中
- 手間をかけたくないので「オールインワン」好き
- 韓流ドラマが好き

※BBの由来…ブレミッシュバルム
CCの由来…コントロールカラー、カラーコンディションなど

DATA

面倒くさがり

美白度：★★☆
潤い度：★★☆
シートマスクも爆買い：★★★

ここが NG ケア

BBクリームは、ほぼクリームファンデと同じ。悪くはないけど、指名買いするほどではない

Check 1

あくまでもメイク用品なので
スキンケア効果は期待しちゃダメ

韓国コスメとして人気になり、今では日本でも定番の「BBクリーム」。1本で**保湿剤、下地、ファンデーション、日焼け止め、美容液**など何役もこなす利便性で人気です。

BBクリームに定義はなく、成分構成はクリームファンデーションとほぼ同じです。なお、「スキンケア効果が高い」と宣伝している商品が多いようですが、メイク用品である以上、**紫外線吸収剤や散乱剤などが主成分**。スキンケア効果は別に考えるべきです。

Check 2

強い被膜を作るので
肌負担はパウダーファンデより大

BBクリーム＝低刺激という印象をお持ちの人もいるようですが、特別そういうことはありません。皮膜は下地やリキッドファンデーションよりも強く、**肌への優しさは【普通の下地＋パウダーファンデーション】のほうが上**でしょう。BBクリームに便乗して登場した「CCクリーム」のほうが、色味や皮膜は弱め。もともと肌に悪いファンデーションは少なく、BB・CCクリームも悪くはないですが、**特にこだわる理由もありません。**

かずのすけ格言　「AAクリーム」や「DDクリーム」が出てくる日も近いかも。

KAZUNOSUKE COLUMN 1

化粧品の保管場所は？

腐るのが心配なのか、ヒンヤリ爽快気分を味わいたいのか、基礎化粧品を冷蔵庫で保管する女子がいます。冷蔵保管を指定している商品なら、そうするべきですが、そうでなければこれは良くありません。内容物が沈んだり、固まったり、場合によっては成分が分離して、本来の効果を発揮できなくなることもあります。日の当たらない冷暗所で保管しましょう。

クリーム系のクレンジングは、水分が入ると洗浄作用が弱まってしまうため、もとからお風呂場では使わないように注意喚起されているものが大半です。それ以外の洗顔料やクレンジングは、消費期限（開封後は2～3ヵ月が目安）以内なら、バスルームに置きっぱなしでもOK。ただしプッシュ系のクレンジングボトルは、空中の水分が中に混入しやすいので、できれば2ヵ月くらいで使い切るのが理想です。

第3章

オトナ女子のためのヘア＆ボディケア

顔と体はひと続き。
美肌作りの基本はボディとヘアにも同じことが言えます。
頭からつま先まで、正しいケアを行って
つやつやオトナ女子を目指していきましょう。

お風呂上がりのボディに保湿剤は本来いらない

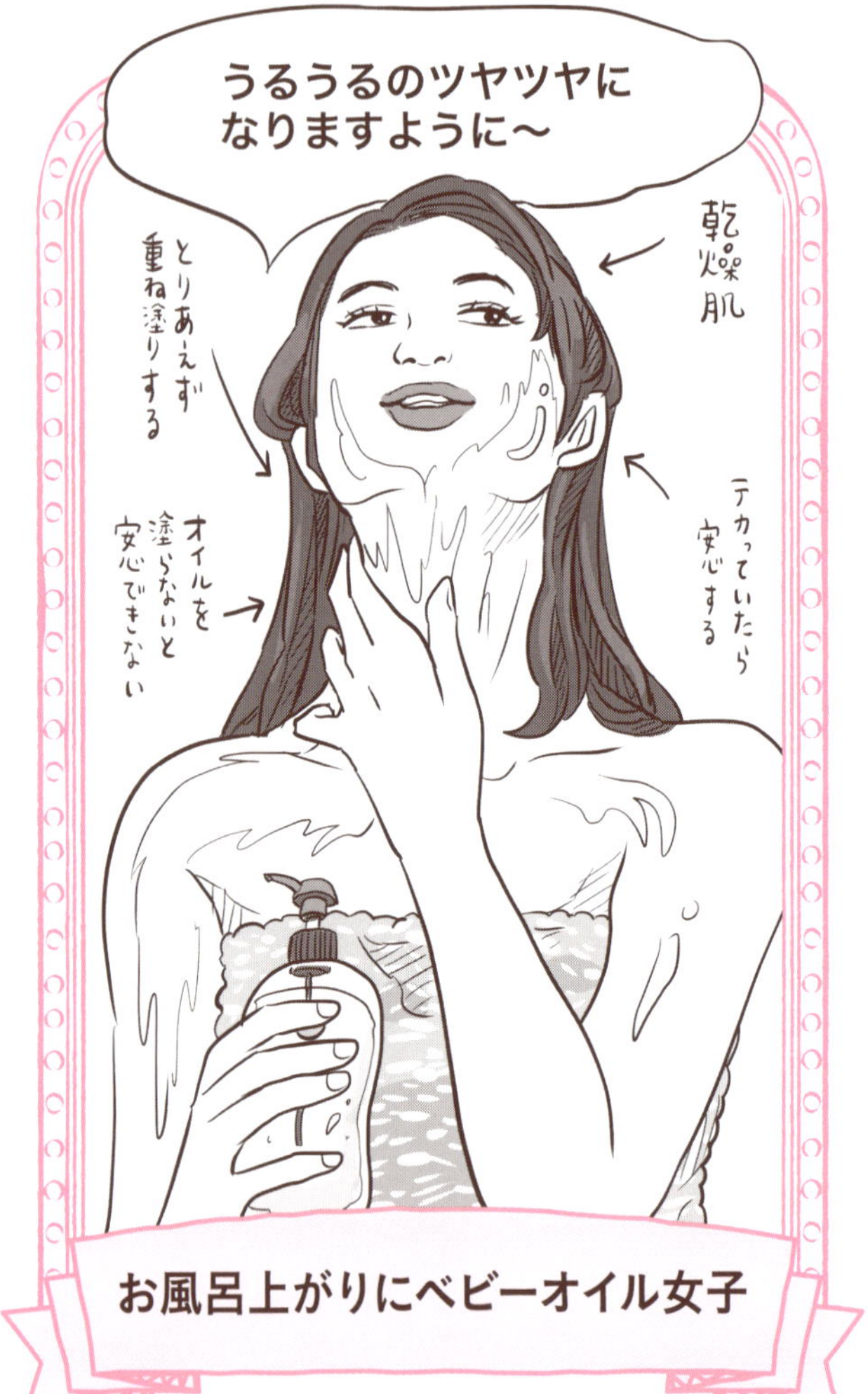

特徴

- ベビーオイルで安心する
- 年中気になる乾燥肌
- かゆいので体を掻いて赤くなる

DATA

ボディの乾燥ケア

美白度：★★☆
潤い度：★★☆
風呂の中で塗る：★★★

ここがNGケア

オイルを塗ると、ますます体が乾燥する！本当にやるべきは〝ボディソープの見直し〟

Check 1

ボディソープの洗浄力を落とせば体の乾燥は改善するもの

お風呂上がりの乾燥予防に、クリームなどを塗る女子は多くいます。しかし、乾燥が気になるなら、保湿よりもまずは**ボディソープの洗浄力**を見直してください。ボディソープが、**肌にある皮脂や保湿成分まで洗い流すから乾燥するのです。**洗浄力を落とせば、これらの潤い成分が肌にとどまり、乾燥は防げます。石けんや市販の安価なボディソープは、ほぼ洗浄力が強いので要注意。P−62を参考に、ボディソープを選んでみましょう。

Check 2

オイル保湿は皮脂分泌を減らしむしろ乾燥ボディになる

お風呂上がりの肌にオイルを塗るという美容法。これによく使われる「ベビーオイル」は**直接肌に塗るとインナードライを招く**ことがあります。植物などの油脂なら平気ですが、酸化や肌荒れのリスクも。もともと肌の保護に必要な油分はごく少量の皮脂で十分なのに、別の油を毎日多量に塗り続けると体が皮脂分泌を減らして慢性的な乾燥肌の原因にもなりえます。保湿が必須なら**セラミド配合のボディクリーム**などを使いましょう。

かずのすけ格言　乾燥ボディの最優先課題はボディソープ選び。

お風呂に入るだけで体の汚れはほとんど落ちる

特徴

- 体を洗うときはナイロンタオルでゴシゴシ
- 韓国旅行でアカスリをしてもらう
- せっかちで、ボディソープを泡立てる時間がない

DATA

体を洗い過ぎ

美白度：★★☆
潤い度：☆☆☆
我流を貫く：★★★

ここが**NG**ケア

湯船に浸かるなら、全身を洗う必要はなし！ ただし、いきなり〝脱ボディソープ〟はダメ

Check 1

汗や皮脂のほとんどは湯船に浸かるだけで落ちる

汗をかきやすい部位や毛の多い部位はボディソープで洗う必要がありますが、ほとんどの汗や皮脂は湯船に浸かるだけで落ちます。

ですから、入浴の習慣がある女子は、本来は**ボディソープで全身洗う必要はありません。**むしろ洗浄力の高い石けんやボディソープは、肌の乾燥やアトピーの原因に。**タオルでゴシゴシこするのもNG**です。ナイロンタオルのように摩擦が大きくなるものは肌に刺激が強いです。

Check 2

体質はすぐには変わらない。急に洗うのをやめると垢《あか》が……

体を洗い過ぎると、**皮膚は身を守ろうとして「角質」を多く作ります。**また肌には、環境変化に左右されず、今までやってきた仕事を続ける「恒常性」があります。

ゴシゴシ洗浄派の女子が「今日から体を洗うのをやめるぞ！」としても、角質が多く作られる体質はすぐには変わらないので、垢が気になってしまうもの。次のページを参考に、**洗浄力は徐々に落としましょう。**

かずのすけ格言　激しい“洗浄格差”は失敗のもと。

ボディソープの洗浄力を少しずつ落とす方法

ザックリまとめると……

- ①ボディソープは、最初は「カルボン酸系」に変える。慣れたらより優しい「アミノ酸系」にしても◎。
- ②体を洗うタオルは不要。泡立てネットなどで泡を作り、素手で撫で洗いして流すだけ。
- まずは①②のどちらかから。最終的には全身洗浄はやめ、汗や毛の多い部位だけボディソープで洗う。

CHECK 1

体をこすって洗う必要はなし

ボディタオルとして人気のナイロンタオルなどは摩擦が大きく肌に対して大きな刺激に。肌にとって絶対に刺激にならない〝自分の手〟で洗うのがベスト。

泡立てネットでボディソープの泡を作り、軽く素手で撫で洗いしてすぐに流します。これで汚れは充分落ちます。

ボディの洗浄力を落としていくSTEP

肌には「恒常性」があります。これは環境変化に左右されず、今までと同じ働きを続ける性質です。ボディ洗浄を突然やめても、しばらくは今までどおり角質がいっぱい作られてしまうので、いきなりの〝脱ボディ洗浄〟は垢の原因に。下記のステップで、少しずつ洗浄力を落としましょう。

STEP ❶ まずはボディソープを「カルボン酸系」などに変更する。

↓

STEP ❷ 慣れたらタオルではなく「手」で洗う。泡立てネットで泡を作り、それを素手で撫で洗いして流すだけでOK。こする必要はなし。

＊タオルなしだと抵抗がある人は、綿やウール、シルクなど皮膚に近い素材のタオルなら使用可。

↓

STEP ❸ （お好みに応じて）ボディソープを「アミノ酸系」に移行。皮脂分泌の多い人などは、カルボン酸系のままでもよい。

↓

STEP ❹ **最終形** 汗の多い部位＆毛の生えている部位だけボディソープで洗い、そのほかは洗わなくてもOK（お風呂に入ることで充分落ちる）。

＊❶❷は順番を逆にして、先に洗い方から変えてもOK。

＊シャワー派の女子は、ある程度ボディソープで洗ったほうが良い。

カルボン酸系

成分表の上位に「〜カルボン酸Na」「〜酢酸Na」とあるもの（※例外はあり）。

アミノ酸系

成分表の上位に「〜アラニンNa」「〜グルタミン酸 Na」とあるもの（※例外はあり）。

CHECK 2

石けん＆市販の安いボディソープに注意

石けんはアルカリ性で洗浄力が強いので、弱酸性のボディソープが◎。

ただし市販の安い弱酸性ボディソープは、強烈な洗浄力＆刺激の「ラウレス硫酸アンモニウム」などを配合しています。「ラウリル硫酸〜」「ラウレス硫酸〜」と付く成分は安価で、市販の洗浄系アイテムによく入っているので要注意。

おすすめは弱酸性で洗浄力の優しい「カルボン酸系」や「アミノ酸系」の成分ベースのもの。刺激も少なく安心です。

炭酸コスメはほぼ〝偽モノ〟で効果なし！

炭酸系って……いい感じに
日常に刺激をくれるよね～
モデルに憧れてる
トリートメントヘアパック中
自分へのご褒美はかかさない
炭酸風呂

ご褒美に炭酸浴女子

特徴

- 疲れたときはちょっと高価な「炭酸浴」
- スマホで動画を見ながら半身浴
- シュワシュワで毛穴もキレイになれそう

DATA

炭酸効果を希望

美白度：★★☆
潤い度：★★☆
水素水を飲んでいる：★★☆

ここがNGケア

ほとんどの炭酸コスメは刺激や洗浄力が高いだけの〝エセ炭酸〟！

Check 1

炭酸コスメのほとんどは〝偽モノ〟の炭酸を使っている

炭酸パックや炭酸シャンプーなど、数年前から急に台頭してきた〝炭酸コスメ〟。なんでも、血行促進効果や洗浄効果があるとか。

しかし本物の炭酸を使ったコスメは希少で、**実はほとんどが〝疑似炭酸〟**。成分表に**「二酸化炭素」**と書いてあれば本物ですが、**「炭酸ナトリウム」**とか**「炭酸水素ナトリウム」**と書いてあれば偽物。本物の炭酸水は弱酸性ですが、疑似炭酸水はアルカリ性。洗浄力は強いですが、敏感肌には刺激です。

Check 2

リアル炭酸入りでも化粧品では効果を得られない

本物の炭酸水には**二酸化炭素**が入っています。二酸化炭素は皮膚から吸収できるので、体内の二酸化炭素濃度が上がることで体が酸素を増やし、血行が促進されるのは事実です（その場限りの効果ですが）。

この効果は、**超高濃度なものに約15分以上浸けた場合しか得られません。**化粧品で実現が難しい濃度で、できても二酸化炭素は気体が抜けやすく濃度を保てません。本物の炭酸コスメで血行促進効果を得るのはかなり難しい！

かずのすけ格言 炭酸効果を実現できるのは、温泉の「炭酸泉」くらい。

入浴剤はあくまでも癒しアイテム

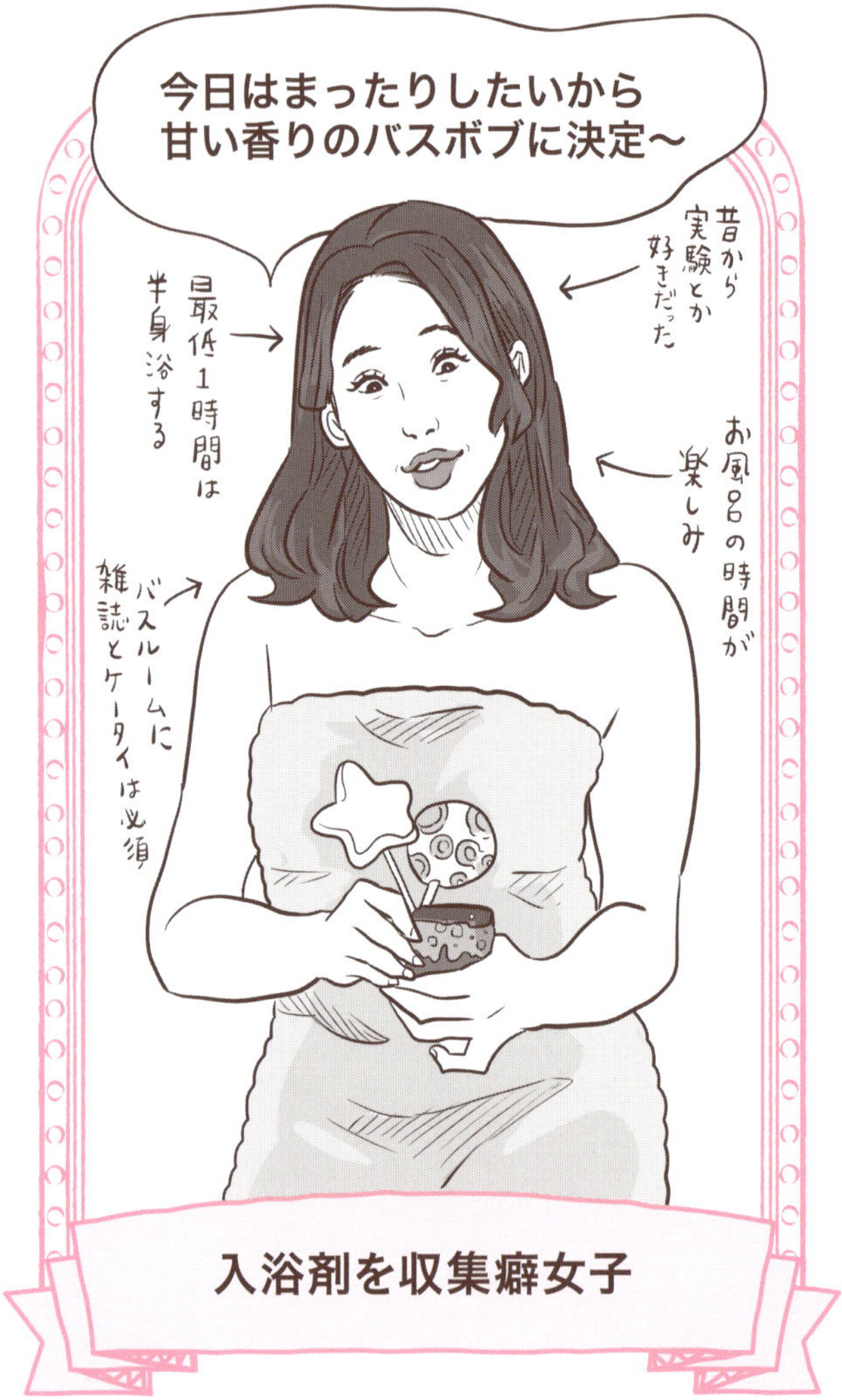
今日はまったりしたいから
甘い香りのバスボブに決定～
昔から実験とか好きだった
最低1時間は半身浴する
お風呂の時間が楽しみ
バスルームに雑誌とケータイは必須
入浴剤を収集癖女子

特徴

- 週末の入浴には入浴剤を使う
- L●SHなどで売っているバスボムをプレゼントされる
- もちろん、友人へのプレゼントも入浴剤

DATA

入浴剤を集める

美白度：★★☆
潤い度：★★☆
カワイイが最優先：★★★

ここがNGケア

正直、価値ある入浴剤はめったにない！女子の好きな〝絵の具風呂〟もほどほどに

Check 1

薬効系の入浴剤に血行促進効果はほぼない

入浴剤に癒し効果はあるでしょう。しかし、皮膚科学の面で見ると、優良な入浴剤は少なく、何も入れないのが無難です。

入浴剤は主に2種類。ひとつは**薬効成分で血行や発汗を促すもの**、もうひとつは**オイルなどで肌を保湿するもの**です。オイル系なら害がないものの、薬効系はほぼインチキ。よくある発泡系の入浴剤は、前ページで紹介した疑似炭酸です。血行促進効果はなく、お湯がアルカリ性になるので肌の乾燥も……。

Check 2

女子に人気のおしゃれ系入浴剤はかなり強烈なものが多い

女子に人気のおしゃれなボール型入浴剤。お湯がカラフルになり、ラメや花が湯船を彩ると好評ですが、色や香りがキツいものも。これは**合成着色料＆香料のカタマリ同然**。〝絵の具風呂〟に浸かっているようなものと自覚を。排水の際の環境負荷も大変。また泡風呂は、原料は**「ラウリル硫酸Na」**などの皮膚刺激の懸念のある界面活性剤が主流。バスソルトは発汗作用がありますが、高濃度の塩は刺激になるので、敏感肌なら注意を。

かずのすけ格言 入浴剤で給湯器が壊れることも多い。

ピーリングで出てくる〝ポロポロ〟は角質じゃない！

汚れがとれてるって
一目でわかるのが嬉しいよね〜
毎日
ゴマージュジェル
で洗顔する
すごい肌こすする
こする時間
が長い

お風呂場でピーリング女子

特徴

- 週に1回、洗顔のときにピーリングジェル
- ボロボロとカスが出てくるのがたまらない
- ご褒美エステに行くのが好き

DATA

角質ケアがしたい

美白度：★☆☆
潤い度：★☆☆
カスを
集める度：★☆☆

ここが**NG**ケア

化粧品でピーリングしても効果なし。出てくる〝ポロポロ〟は老廃角質ではない！

Check 1

化粧品の場合は少ししかピーリング成分を入れられない

「ピーリング」とは、タンパク質変性作用や皮膚の溶解作用を持つ「AHA」「BHA」などの酸を塗ることで、皮膚を剥がして新生させるもの。元来は**美容医療**です。

このピーリング剤を配合した市販の洗顔料やジェルがありますが、市販品は有効成分の濃度が薄くほぼ効果なし。とはいえ、皮膚を剥がす成分には違いありません。頻繁に使うと角質が減少し、**皮膚が薄くなって過敏**になるほか、反動で**角質が厚くなる**ことも。

Check 2

ピーリングジェルをこすると出てくるカスは、ただのゲル化剤

「古い角質を取り除いて、つるすべ肌に」という売り文句のピーリング系ジェル。これで皮膚をこすると、消しゴムのカスみたいなものがポロポロ出てきて「角質がいっぱい」「お肌すべすべ」と思う人もいるようです。

しかし、このカスは角質ではありません。ジェルに含まれる**「ゲル化剤」**が固まっただけ。すべすべ肌を作っているのは**「陽イオン界面活性剤」**が大半。これは刺激が強く、普通は化粧品には入れない成分です。

かずのすけ格言　ゴム手袋の上でピーリングしても、ポロポロが出てきました。

どうなっている？ピーリングのしくみ

ザックリまとめると……

- ピーリング＝皮膚を溶解する「ＡＨＡ」「ＢＨＡ」などの酸を塗ることで、皮膚を剥がして新生する。
- ピーリング化粧品は有効成分の濃度が薄く、効果はほぼないが、頻繁に使うと肌が不安定にも。
- ピーリングジェルのポロポロは「ゲル化剤」。すべ効果の多くは「陽イオン界面活性剤」のせい。

CHECK 1

弱いピーリングでもやりすぎは危険！

化粧品に入れるＡＨＡやＢＨＡの濃度は、規制により極微量しか配合できません。そのため美容皮膚科のケミカルピーリングのような大きな効果は見込めません。ただし低濃度とはいえ皮膚を溶かす成分です。皮膚刺激は強いので要注意。

自宅のピーリングと違う! ケミカルピーリング

美容医療で行う「ケミカルピーリング」はAHAやBHAの濃度が数%〜数十%ほどあり、正しく利用すればニキビ痕などの改善に有効と言われています(ただし作用が強く、敏感肌には注意)。一方、化粧品の場合は濃度が薄いので、ケミカルピーリングのような効果はほぼありません。

[強さレベル]

強 「BHA(βヒドロキシ酸)」サリチル酸(サリチル酸マクロゴール) 》 「AHA(αヒドロキシ酸)」グリコール酸 〉 乳酸 〉 リンゴ酸 弱

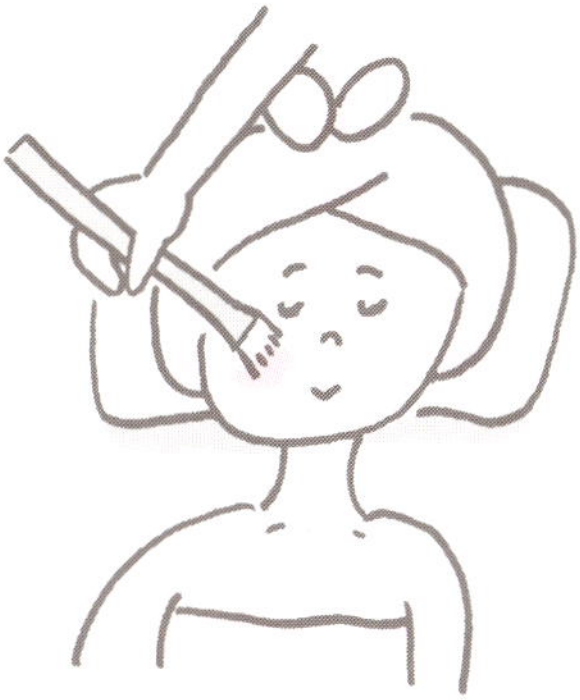

注意!

最近エステサロンなどで行われている天然成分を用いたピーリング施術が人気ですが、天然の植物にもBHAやAHAと同様の効果を持つ成分を含むものはたくさんあります。同じ効果があるなら皮膚への負担は同じであり天然成分だからと安心はできません。

CHECK 2

ピーリングジェルはポロポロ詐欺!

ピーリングジェルを使うと出てくるポロポロのカスは、ジェルの主成分のゲル化剤が固まったもの。カスが黒い場合、肌表面の汚れが巻き取られていますが、これは例えば〝ごはん粒〟を転がしても取れるような汚れ。また、すべすべ感を出すため柔軟剤などに使う陽イオン界面活性剤を入れた商品も。普通の化粧品ではありえません!

なお、AHA入りの洗顔料の多くは、石けんベースでアルカリ性。AHAは酸性なので、中和されてほぼ死んでいます。

すべすべの足裏作りにクリームも軽石もいらない

特徴

- 冬になるとパックリひび割れかかと
- 尿素クリームを塗ってケアしている
- 尿素のことはよく知らない

DATA

かかとが固い

美白度：★★☆
潤い度：★☆☆
リップクリームもマスト：★★★

ここがNGケア

かかとの角質を逆に厚くする尿素クリーム、軽石、やすり、ピーリングは全部やめなさい

Check 1

「尿素」は角質を溶解するもの。
むしろ反動で角質が厚くなる!

人に見せるのはちょっと恥ずかしい、硬くてヒビ割れした"ガサガサかかと"。これを改善しようと、**「尿素」を配合した保湿クリームを塗るのは逆効果**です。

尿素はタンパク質変性作用を利用して、角質(=タンパク質)を溶かすもの。塗ると、見た目のザラザラは解消したように見えるかもしれません。しかし角質は排除されるほど、これをリカバーしようとして増えるので、**逆にかかとが厚くなってしまいます。**

Check 2

削るほど角質は厚くなる。
ピーリングは最悪、水虫に!?

軽石・やすりで足裏を削るのも同じ理由で逆効果。角質は削るほど厚くなります。

また、かかとの皮膚を剥がすフットピーリングは、**前項で紹介したケミカルピーリングそのもの。**ピーリングで急ピッチに新生された皮膚はバリア機能が完全にでき上がっていません。しかもピーリング剤は強力なタンパク変性作用により**雑菌の繁殖を抑えている皮膚常在菌も滅菌します。**バリアが弱り、足は水虫などにもかかりやすくなります。

かずのすけ格言 奪われれば、頑張って増える。それが角質のサガ。

赤ちゃんみたいなすべすべの足裏を作るコツ

ザックリまとめると……

- 角質をオフする軽石、ピーリング剤、尿素クリームなどは、角質が逆に厚くなるので一切使わない。
- 女子はヒールを履くせいでかかとが硬くなる人が多い。できるだけヒールのない靴を履こう。
- 靴下、厚手のタイツ、インソールなどを利用して、歩行時のかかとにかかる衝撃を抑える。

CHECK 1

靴を変えれば足裏も変わる

かかとが硬いのは、歩行時の衝撃から肌を守ろうとして角質が厚くなるから。特にハイヒールを履くと、かかとに衝撃が集中。なるべくスニーカーやフラットシューズを履くと、1年ほどかかりますが改善します。ヒールにはせめて厚手のタイツや靴下、衝撃を抑えるインソールの併用を。

キレイなかかとは靴選びから

かかと改善にはペタンコ靴が◎です。ヒールのときは、厚めのタイツやインソールを選ぶと良いでしょう。

CHECK 2

足裏がボロボロと剥がれるピーリング

靴下型のジェルパックに足を入れ、30分ほど放置して洗うと、数日後に足裏の角質がボロボロ剥がれる——。そんな足裏ケア専用アイテムもあります。

このしくみはP70－71で紹介した「ケミカルピーリング」ですが、化粧品は規定によりピーリング剤の濃度が低く、普通は皮膚がボロボロむけたりしません。しかし足裏用のアイテムは「雑貨」に分類できるので、濃度をかなり高めることで本当に角質がボロボロ剥がれるのです。

美肌女子の好物はお肉♡ワイン♡コーヒー！

特徴

- ランチは忙しいのでファストフードで
- お得なセットにしてポテトもきっちり食べる
- ニキビなどの肌荒れが最近気になる

DATA

油モノが好き

美白度：★☆☆
潤い度：★★★
夕方に小鼻がテカる：★★☆

ここが
NGケア

揚げ物の食べ過ぎ、コラーゲン不足に注意。美肌をつかむのは〝肉食コーヒー党女子〟！

Check 1

肉や卵には「コラーゲン」の材料が含まれている

肌は「タンパク質」なので、美肌を目指すなら、その代表選手である肉や卵はマスト。おすすめは、コラーゲンの直接的な材料である**「ヒドロキシプロリン」が豊富な「鶏もも肉」**です。コラーゲンそのものを食べてもＯＫですが、サプリや飲料ではコスパが悪いと言えます。また、**「卵」はタンパク質やその他の栄養素が非常にバランスよく含まれた栄養食品**で、効率的に美肌を育む手助けをしてくれます。

Check 2

美白＆アンチエイジングには抗酸化成分「ポリフェノール」を

コーヒーやワインには、体内の酸化を抑える**ポリフェノールが多く、シミや老化の予防に◎**。コーヒーも酸化するので、自分で豆を挽くか、お店で豆を挽いて冷凍保存を。

体内で分解しにくい**飽和脂肪酸**の多いサラダ油はＮＧ。酸化するとより分解しづらく、消化器に負荷がかかり肌や体のダメージに。同じ油を何度も使い回すと酸化するので、ファストフードのフライドポテトやコンビニのホットスナックなどには注意を。

かずのすけ格言　私の鉄板メニューは、親子丼とオムライス。

摂るべき栄養素は
タンパク質&ポリフェノール

ザックリまとめると……

- 鶏肉（特にモモ）にはコラーゲンの材料「ヒドロキシプロリン」が豊富で、美肌作りに◎。
- コーヒーやワインは抗酸化成分の「ポリフェノール」が豊富で、シミ・老化予防におすすめ。
- 酸化した油は消化器への負担が大きく身体に蓄積しやすい。安い飲食店の揚げ物などには要注意。

CHECK 1

ポリフェノールの抗酸化作用とは

コーヒーやワインに含まれる「ポリフェノール」には、「酸化」を抑える作用があります。これは、体内の酸化をポリフェノール自身が引き受けて、体の酸化を防ぐということ。日焼け・シミ・老化防止に摂りたい物質です。美肌成分「ビタミンC」も強力な抗酸化成分です。

コーヒーは飲み方が肝心！

コーヒーは酸化するので、豆を挽いて１時間以内に飲みましょう。自分で豆を挽いてそれを１時間以内で飲むか、お店で豆を挽いてもらった場合はそれを冷凍してください。冷凍しても、コーヒー豆は水分がないのでほとんど凍りません。

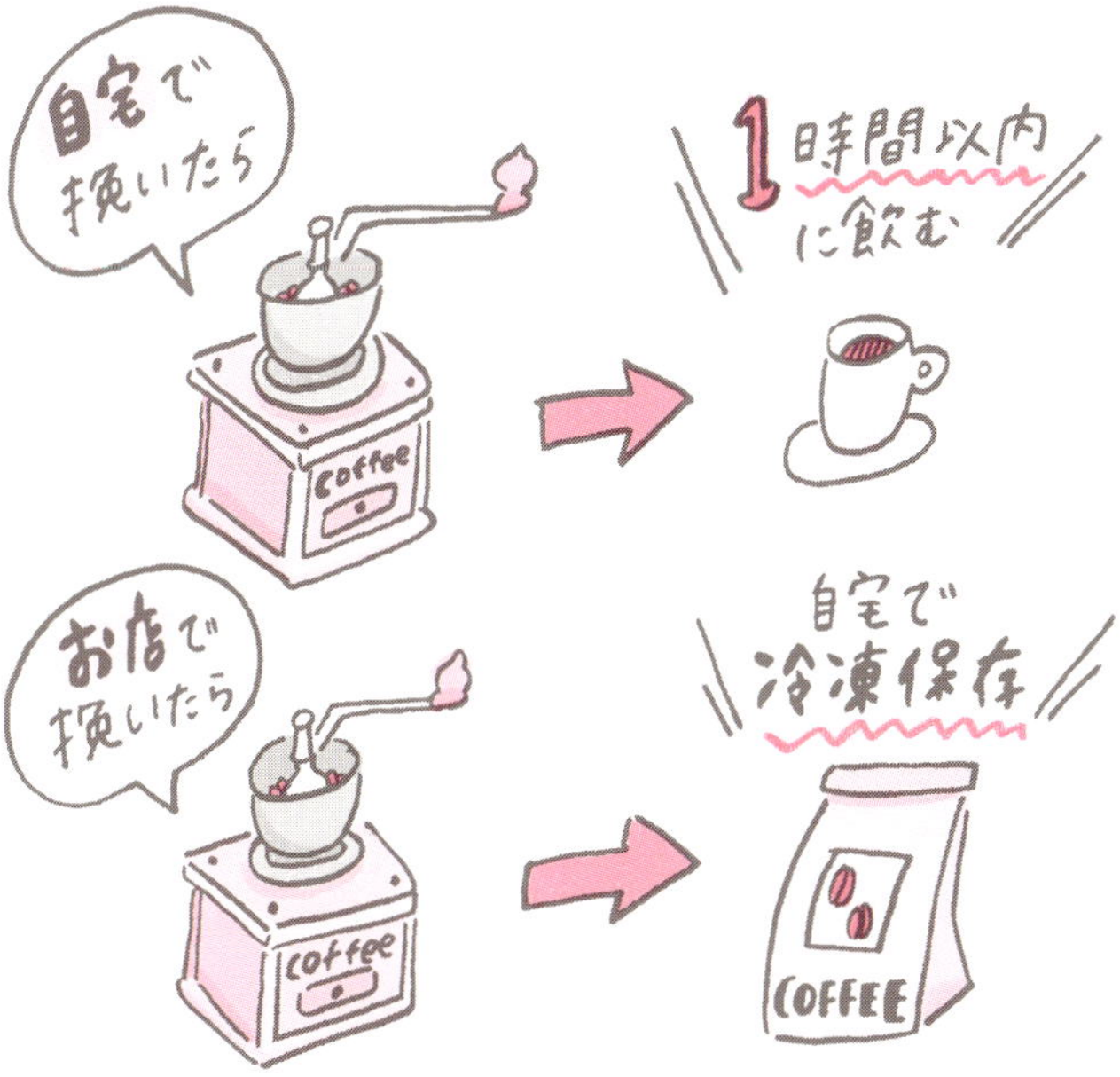

CHECK 2

鶏モモ肉に豊富なヒドロキシプロリン

食事で摂ったタンパク質はそのままお肌にはなりません。分解してできたアミノ酸がビタミンCと合成されることで「ヒドロキシプロリン」が作られ、これがコラーゲンの主成分になります。ならば、最初からヒドロキシプロリンを多く含む鶏肉（特にモモ肉）などを食べれば確実。

なお、鶏肉を食べてもそれがお肌になるまでには何日も時間がかかるのでコラーゲンを食べた翌日に肌がプルプルになったと感じたら、栄養やお酒による血行促進のせいかもしれません。

スリミング系コスメで引き締まるのは、体ではなく皮膚!?

このジェルでマッサージしたら
絶対むくみはとれるはず♪
むくみやすい
小顔に憧れが強い
CMとか全部素直に信じる
万年ダイエッター！
瘦身ジェル女子

特徴

- とにかくヤセるためなら金額を惜しまない
- ボディの引き締めジェルは○万円
- お風呂上がりはマッサージのための大切な時間

DATA

ヤセたい !!

美白度：★☆☆
潤い度：★☆☆
小顔矯正にも行った：★★★

ここがNGケア

化粧品で痩せることは絶対にない！消費者を勘違いさせる痩身コスメに注意

Check 1

化粧品が「痩せる」と表現することはできない

「痩身」「脂肪燃焼」などを謳うジェルやクリーム。これらで痩せることはありません。化粧品に痩身効果は認められておらず、「痩せる」という表現は景品表示法違反です。

ただし**化粧品によって肌を「引き締める」という表現は可能**。肌は微弱な刺激を与えると一時的にキュッと引き締まる性質(収斂作用)があります。単に皮膚が収斂するだけで、体は引き締まりませんが、「引き締め」と言えば消費者が体のことだと思っているのです。

Check 2

血流が良くなるのは肌表面だけ。皮下脂肪は何も変わらない

痩身系コスメの有効成分は、**「唐辛子チンキ」「バニリルブチル」など肌を温めて血行を促進するものが主流**。温まるので発汗はしますが、ただそれだけ。皮膚表面の血流が良くなるだけで、皮下脂肪は変わりません。

むくみはジェルなどでマッサージすれば良くなるかもしれませんが、それは**マッサージの効果**。別の部位の血流が悪いせいで脚や顔に水分が溜まってむくむ場合もあり、これは根本原因の改善が必要です。

かずのすけ格言　マッサージしたいなら素手で充分。

美顔器の実態は謎に包まれている……

やばいコレ効きそ〜！！
絶対キレイになれるやつじゃん
新商品大好き
すぐ人の持ってるもの欲しくなる
すぐなんでも買う
買ってから考える
最新！ 美容家電大好き女子

特徴

- さまざまな美容家電を持っている
- 深夜のネットショッピングで即購入
- 週末は家電量販店に新商品を見に行く

DATA

家電頼み

美白度：★★☆
潤い度：★☆☆
スチームケアにもハマった：★★★

ここがNGケア

美顔器の本当のところは誰にもわからない。「なんか効いてそう♪」で使ってて大丈夫？

Check 1

「イオン導入」はビタミンCなら可能だが副作用もありえる

化粧品は、肌の表面にしか浸透しません。そこで、これをイオンの力で肌の奥に届けようというのが**「イオン導入器」**です。一部の美容成分は、水に溶けると静電気（イオン）を帯びるため、同じ極の静電気を加えると反発し、肌の奥に押し込まれるのです。ただしイオンを帯びる成分でも、分子が大きいと肌の奥に入らず、有名な成分で**導入できるのは「ビタミンC」くらい。**しかし強引に外から押し込めば、副作用も考えられます。

Check 2

詳細情報は開示されないうえにリスク分析もまだまだ不充分

化粧品は成分表示の義務があり、そこからある程度の良し悪しを判断できます。しかし美顔器は「雑貨」という分類で、化粧品ほどの**情報開示の細かいルールはありません。**消費者には効果を見破るすべがないのです。さらに、**まだまだ十分なリスク分析ができていない分野**です。例えば超音波美顔器は、一説では超音波が細胞を傷つけるとも言われています。個人的には、効果もリスクも把握できていないものを使うのはどうかと思います。

かずのすけ格言　美顔器の多くは“眉唾”と思ってちょうどいい。

敏感肌こそ、ムダ毛処理は永久脱毛がベスト

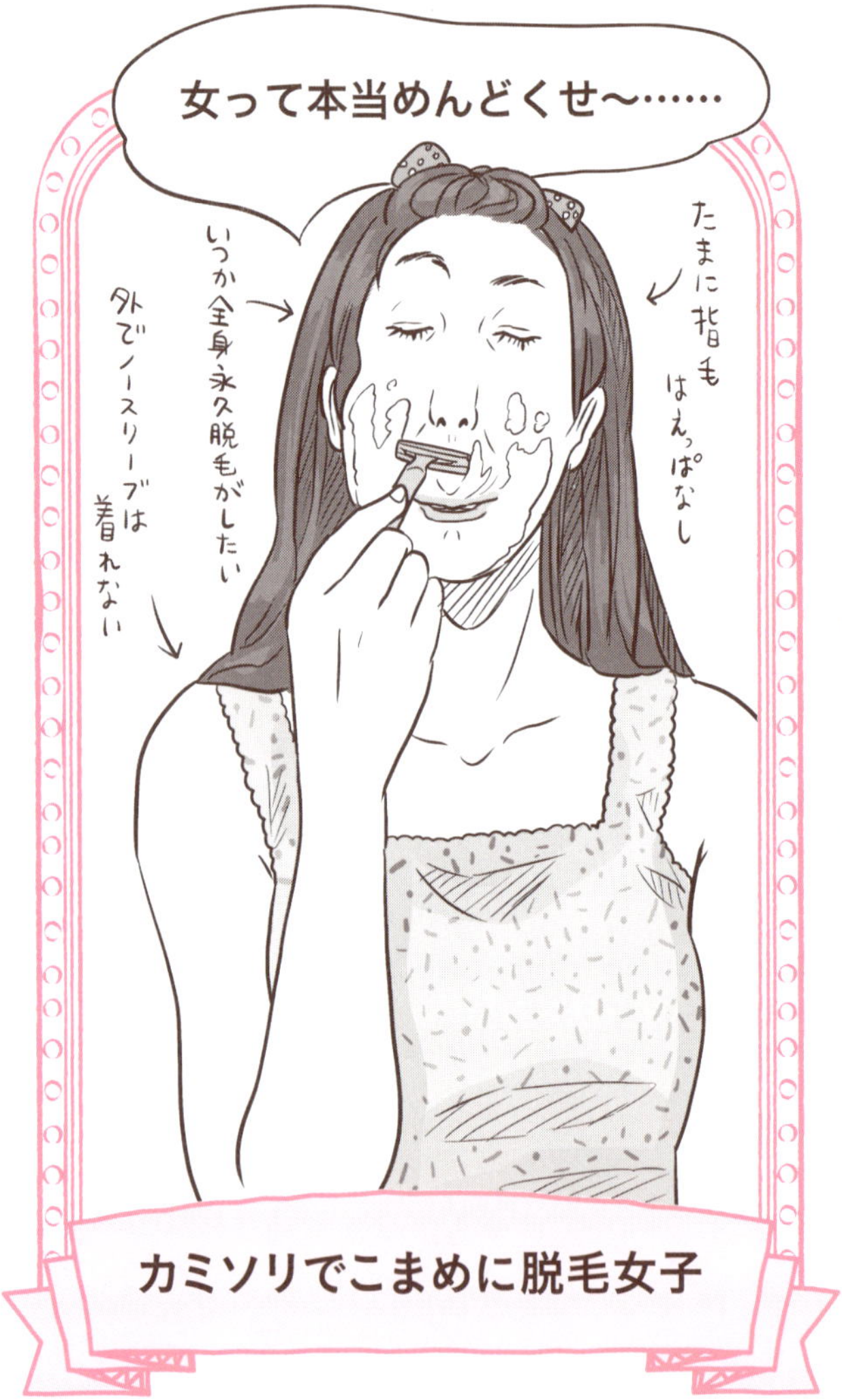
女って本当めんどくせ〜……
たまに指毛はえっぱなし
いつか全身永久脱毛がしたい
外でノースリーブは着れない
カミソリでこまめに脱毛女子

特徴

- 愛用のＴ字カミソリがある
- ブラジリアンワックスを試したが痛くて断念
- 冬はムダ毛処理がおろそか

DATA

脱毛はカミソリ

美白度：★★☆
潤い度：☆☆☆
体用で顔も剃る：★★☆

ここが NG ケア

毛をカミソリで剃ると毛穴が広がることも！肌に優しいのは電動シェーバーか永久脱毛

Check 1

カミソリは毛穴の炎症や広がり 除毛クリームは肌荒れの危険が！

ムダ毛の処理方法はいくつかのパターンがありますが、敏感肌やアトピー肌なら、除毛クリームは危険です。この主成分は**「チオグリコール酸カルシウム」**といって、パーマ剤にも使われる強力な**「還元剤」の一種**。タンパク質を溶かす作用があるので、毛のまわりの皮膚（＝タンパク質）が荒れることも。

また、カミソリは皮膚を削るので、毛穴が炎症を起こしたり、そのせいで広がったりすることがあり、おすすめはできません。

Check 2

毛抜きに失敗すると “埋没毛”による炎症もあり

というわけで“剃る or 抜く”では、**抜くほうがマシ**です。ただし鋭利な毛抜きは皮膚を傷つける元。また毛根から抜けずに、毛穴に短い毛が残ると、皮膚の中で埋没して炎症を起こすことが。**先が丸くて、毛をスっと抜ける毛抜きがベター**。いちばん良いのは**「電気シェーバー」**です。それなりの値段のものは、肌への負担が一切なし。自己処理に限らなければ、医療機関での脱毛がベスト。自己処理を続けるより肌にはずっと優しいです。

かずのすけ格言　マイベスト美容家電は電動シェーバー！

剃ると太くなる？ムダ毛処理の知識まとめ

ザックリまとめると……

- 毛を剃っても太くはならないが、毛穴の炎症や広がりの原因にも。また除毛クリームは皮膚刺激大！
- 剃るより抜くほうが良いが、気をつけないと毛穴の炎症も。先が丸くて毛をつかみやすい毛抜きが◎。
- 自己処理なら、ベストは電気シェーバー。ただし長い目で見ると、医療機関での永久脱毛が◎。

CHECK 1

毛は剃ると太くなるの？

〝毛を剃ると太くなる〟という説は間違い。毛は根元が太く先端にいくほど細いので、根元近くで切ると太く見えるだけ。ただ、剃ると毛穴が炎症して広がる場合も。

ベストは永久脱毛ですが、施術時は少し炎症しますが、何度も自己処理するより低刺激。ただしエステではなく医療機関で行いましょう。

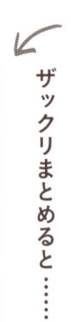

ムダ毛の豆知識

ムダ毛だからといって、ただ処理をすれば良いわけではありません。正しい方法で行わないと、肌荒れの原因になります。

［毛を剃ると太く見えるワケ］

毛は根元が太く、先端に行くほど細い構造。根元近くで剃ると、その断面が現れるので太く見えます。

● 埋没毛って？

毛根から抜くのに失敗し、毛穴の中に短い毛が残ると、これが肌の中で伸びて埋没することも。肌が炎症しかねないので、良い毛抜きを使おう！

毛抜きを選ぶなら…

先が丸くて、左右のピンが綺麗に重ね合わさるものが◎。肌に押しつけてもダメージが少ないうえに、毛をキャッチしやすい。

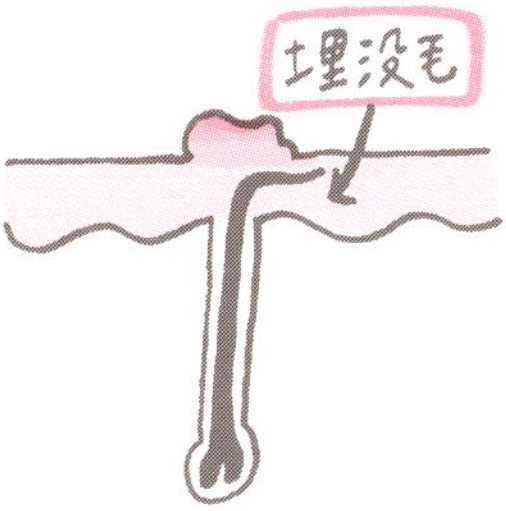

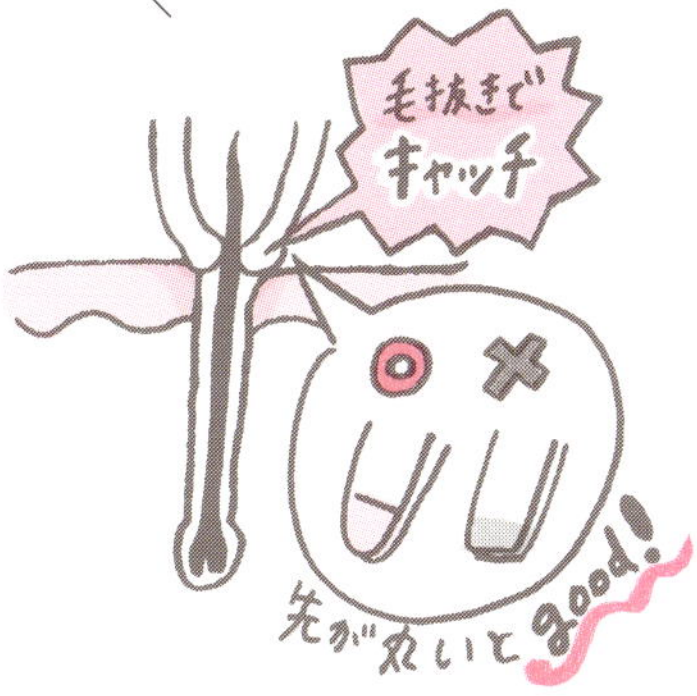

CHECK 2

毛抜きに失敗すると埋没毛になることも

先端が鋭い毛抜きは皮膚を傷つけるうえ、毛根から抜くのに失敗することもあります。毛穴の中に短い毛が残ると、これが肌の中で伸びて埋没し、肌が炎症しかねません。良質な毛抜きを使いましょう。

ベストな自己処理ツールは電気シェーバー。ある程度の値段の商品なら、ほぼ刺激がありません。

かずのすけ語録

エステティシャンは医療資格なし。脱毛は医療機関で

ビタミンCは「点滴」ではなく「サプリ」で摂るのが正解

定期的にビタミンC点滴女子

特徴

- 病院へ行って、ビタミンC点滴を打っている
- 実はいろいろな成分をもっと追加したい
- ダイレクトに血中に入るので効きそう

DATA

栄養を直接摂る

美白度：★★★
潤い度：★★☆
体にいいことした気になる：★★★

ここが NG ケア

ビタミンCはいっぱい摂っても意味がない！やるならコツコツ、毎日のサプリ習慣が◎

Check 1

必要量を超えるビタミンCは
すべて尿になって出ていく

美容皮膚科などで「ビタミンC点滴」を受けるのはお金と時間の無駄かもしれません。ビタミンCは水に溶けやすい「水溶性ビタミン」なので、**必要量を超える分はすべて尿として排出されます。過剰摂取しても心配ない反面、意味もないのです。**なお、「点滴だとビタミンCが血中に行き渡る」というのも諸説あり。口から摂っても栄養素は内臓から吸収されて血中に溶け込み、その果てに尿となって出ていきます。

Check 2

ビタミンCサプリは美肌の味方。
ただしビタミンA・Eは注意

一方、**サプリメントでビタミンCを習慣的に摂るのはおすすめ。**美白や抗酸化の効果が望めます。ニキビ・肌荒れが多い人は、ビタミンB2も良いでしょう。サプリの場合、「栄養機能食品」として登録されていれば、その効果が認められているという目印。

ただし**ビタミンAやEは蓄積しやすい「不溶性ビタミン」**で、過剰摂取で副作用も。妊娠中は、ビタミンAの過剰摂取で胎児に悪影響が出る場合があるので注意しましょう。

かずのすけ格言　ビタミンC点滴は、ビタミンCとお金の無駄遣い。

化学物質が体に侵入する「経皮毒」の真相

香りつき
シャンプー＆トリートメント女子

特徴

- シャンプー＆トリートメントは成分より香りで選ぶ
- 海外のシャンプーも通販で購入
- 自然由来の海外ブランドなら安心

DATA

経皮毒に惑わされる

美白度：★★☆
潤い度：★★☆
ネットでリサーチ：★★★

ここがNGケア

皮膚から有害化学物質は侵入しない
ただし、香料は別

Check 1

通常の用途で成分が体内に
侵入することは、まずありえない

日用品や化粧品に含まれる有害化学物質が、皮膚から体内に侵入して〝蓄積〟し、さまざまな健康被害を起こす――。**通称「経皮毒」と呼ばれるこの主張はデタラメです。**

もともと経皮毒で指摘された成分は**「ラウリル硫酸Ｎａ」「ＰＧ（プロピレングリコール）」**の２つ。ラウリル硫酸Ｎａは、肌に50時間くらい浸すとやっと微量入りますが、洗浄剤なので普通はすぐに洗い流すもの。またＰＧは、現在はほぼ使用されていません。

Check 2

肌バリアを通過するのは難しい。
仮にできても１００％尿となる

私たちの肌バリアは、化粧品や日用品レベルの成分をスイスイ奥に通すほど、やわではありません。もし傷口や炎症から多量に体内に侵入したとしても、**界面活性剤は水に溶けるので、その１００％が１週間以内に尿として排出されます。**

多くの人は化学物質の実態をよく知らないため、無根拠にこれを恐れています。この心理を悪用した化粧品のマルチ商法などもありますが、どうか騙されないでください。

かずのすけ格言　〝経皮毒商法〟に要注意。

経皮毒のあるある勘違いポイント

ザックリまとめると……

- 洗剤などで肌が荒れるのは、成分が皮膚の〝表面〟に刺激を与えるから。肌内部へは侵入していない。
- 湿布薬やステロイドは「医薬品」なので、意図的に経皮吸収させて効能を与えている。これは話が別。
- 長時間浸せば侵入する成分はあるが、ほぼ「蓄積」はしない。ただし香料は入りやすいので多用は×。

CHECK 1

ラウリル硫酸Naの経皮吸収データ

「ラウリル硫酸Na」は、濃度1%の溶液を皮膚に48時間つけっぱなしにして、ようやく0.0000024g/㎠入るくらいのものです。ラウリル硫酸Naは洗浄成分で、すぐに洗い流すものなので普通に使う以上は経皮吸収は現実的に不可能。

経皮毒はウソだが、香料には注意を

「経皮毒」はもともと、ラウリル硫酸NaやPGの経皮吸収を指した造語です。ここから、いろんな界面活性剤などが肌内部へ侵入するというウワサが広がっていきました。一方、本来は経皮毒とは別の話ですが、「香料」の経皮吸収には警戒すべきです。化学物質の中でも香料は特異で、分子が小さくさらに尿に溶けない脂溶性のため、体内に侵入して蓄積する可能性もあるのです。

CHECK 2

デリケートゾーンの経皮吸収性の真実

「女性のデリケートゾーンは経皮吸収性が42倍!」という説が出回り、それに便乗している布ナプキンの業者もいます。

この42倍の実験は、経皮吸収性のあるステロイド系の医薬品「ハイドロコーチゾン」を使って行ったもの。効能のためにもともと経皮吸収作用を持たせている医薬品を使うのは筋違いです。化粧品成分で実験すれば、こんな数字は出ません。

シャンプーしなくても頭髪の汚れはお湯だけで落ちる⁉

お湯で洗えば
頭皮にもいいっしょ
兄と一緒に使っているハードワックス
髪のハリコシが気になり始めた
お風呂は10分で上がる

湯シャンデビュー女子

特徴

- 髪にイイと聞いて湯シャンデビュー
- ゆるふわパーマにワックスを使っている
- 枝毛をハサミで切る

DATA

シャンプーの成分が気になる

美白度：★★☆
潤い度：★★☆
タモリ式入浴法も実践：★★★

ここがNGケア

オトナ女子が〝湯シャン〟に成功するには3年以上の苦行＆常に素髪でいる覚悟が必要

Check 1

湯シャンデビューしても
皮脂の分泌量はすぐに変わらない

シャンプーには悪い成分が入っているから、お湯だけで髪を洗いましょう――。そんな通称**〝湯シャン〟**がひそかに話題です。

たしかに、ほとんどの市販シャンプーは洗浄力が強力。そのため頭皮は脱脂された分を補おうとして、皮脂を多く分泌します。しかし、この習性は湯シャンにしても、**肌には「恒常性」があるため、すぐには変わりません。**普通のシャンプー派が、急に湯シャンに変えると、頭皮も髪も脂ぎってしまうことに。

Check 2

頭髪の汚れはお湯で7割落ちる。
でも残り3割の蓄積でトラブルに

〝お湯だけでも頭髪の汚れは7割落ちる〟という説は事実ですが、残りの3割は蓄積するので、**日増しに頭髪全体が皮脂でベトベトに。**皮脂をエサとする皮膚常在菌が増え、さまざまな地肌トラブルに悩むこともあります。

皮脂の少ない50代以上の方はともかく、オトナ女子の場合、皮脂分泌が減って湯シャンでも快適な状態になるまでに**3年は必要です。**ヘアスタイリング剤はお湯だけでは落ちないので、常に素髪でいるのが条件です。

かずのすけ格言　湯シャンに３年も費やす価値はない。

〝ノンシリコン自慢〟をするシャンプーがいちばん使えない

どのノンシリコンが
一番いいんだろ……悩む……
かれこれ1時間
悩んでいる
ノンシリコン
今まで
使ってた
シャンプー
常に上を目指す
普通のシャンプーより
高級だが、
まだ満足はしていない

ノンシリコンに騙される女子

特徴

- シリコンは毛穴を詰まらせると思っている
- ドラッグストア好き
- トリートメントはさらっさらになるものが好き

DATA

シリコン嫌い

美白度：★★★
潤い度：★★☆
素直な髪に
憧れる：★★★

ここが NG ケア

〝ノンシリコン〟を全面アピールしている市販シャンプーは、ほぼ中身も使用感も×

Check 1

シリコーン自体は
安心な成分だけど……

ここ数年、〝ノンシリコン〟のシャンプーが増えていますね。ですが**シリコーン自体は、安全な皮膜(コーティング)オイル**です。皮膚刺激は、物質が何らかの原因で「化学反応」を起こすことで発生しますが、シリコーンは**「安定性」が高く、化学反応を起こしません。**つまり刺激もなければ、オイルでありながら酸化することもないのです。コーティング剤なので、多すぎると髪質が重くなりますが、特に避けることはありません。

Check 2

シリコーンが入っている
＝粗悪な界面活性剤も入っている

粗悪な界面活性剤を使ったシャンプーは、髪がギシギシになります。これをごまかす目的で入れているのがシリコーンです。美容室専売品などのシャンプーは、悪い界面活性剤が入っていないため、**シリコーンも必要なく普通は入れません。**でもこれが普通なので、わざわざ「ノンシリコン」と言うことは少なめ。ノンシリコンをアピールしている商品は、**ギシギシをごまかしてるシャンプーからシリコーンを抜いただけの改悪商品**が中心です。

かずのすけ格言　シリコーンを抜いただけなのに逆に高い！

知っておきたい避けるべきシャンプーとは

ザックリまとめると……

- 市販品の多くは「〜硫酸Na」「〜スルホン酸Na」と付く成分が入っており、洗浄力が強すぎる。
- シリコーン入り＝粗悪な界面活性剤を使っている証拠。ただしノンシリコン自慢をする市販品は×。
- 石けんシャンプー、薬用の殺菌剤配合シャンプーは、頭皮や髪のダメージにつながる。

CHECK 1

シリコーンはどう捉えればいい？

シリコーンは安心な成分ですが、シャンプーに多く入っていたら、粗悪な界面活性剤による髪のキシみをごまかしている証拠。しかしわざわざ「ノンシリコン！」と宣言する大衆シャンプーは、粗悪な界面活性剤を使ったシャンプーからシリコーンを抜いただけのものが大半です。

避けるべきシャンプーの成分

市販のシャンプーの数は膨大です。シャンプー選びに悩んだら、次の点に気をつけるようにしましょう。

ここをCHECK!

- 語尾に「〜硫酸Na」「〜硫酸TEA」などが付くものはNG　※単体の「硫酸Na」はOK
- 語尾に「〜スルホン酸Na」が付くものはNG

［3大NG界面活性剤］

「ラウリル硫酸Na」　「ラウレス硫酸Na」

「オレフィンスルホン酸Na」

シャンプーの洗浄成分は、主に「陰イオン界面活性剤」です。中でも大衆向けシャンプーに多いのが「ラウリル硫酸Na」「ラウレス硫酸Na」「オレフィン（C14-C16）スルホン酸Na」など。このような「硫酸系」「スルホン酸系」と言われる陰イオン界面活性剤は、洗浄力や刺激が強く、特に敏感肌には要注意です。

その他のNGワード！

- 石けん（カリ石けん素地）
- 殺菌剤（ジンクピリチオン、ピロクトンオラミンなど）

CHECK 2

石けん＆殺菌剤はシャンプーでもNG

石けんは弱アルカリ性の洗剤です。毛髪は表面のキューティクルが弱酸性で閉じ、アルカリで開く構造をしているため、石けんシャンプーを使うとキューティクルが開いてギシギシに。また主成分のケラチンはアルカリに弱いのでダメージ毛だと深刻な傷みの原因にもなります。

殺菌剤配合の薬用シャンプーはフケ・かゆみに悩む人が使いがちですが、殺菌剤を使うと肌を守ってくれる皮膚常在菌まで死んでしまいます。外部の雑菌が繁殖し、頭皮が荒れる原因にもなるので注意して。

正しいシャンプーの選び方

ザックリまとめると……

● 優しい陰イオン界面活性剤ベースの「カルボン酸系」「タウリン系」「アミノ酸系」のシャンプーを。

● 市販の安価なシャンプーを使っている人は、洗浄力高めのカルボン酸系 or タウリン系から。

● お好みによっては、さらに低刺激&低洗浄力のアミノ酸系へと切り替えてもOK。

CHECK 1

低刺激な洗浄成分を選ぼう

シャンプーの洗浄成分として使われる「陰イオン界面活性剤」には、ラウリル硫酸Naなどの強力な成分もある一方で、低刺激で穏やかな洗浄力の成分もあります。それが「カルボン酸系」「タウリン系」「アミノ酸系」と呼ばれるものです。

カルボン酸系・タウリン系・アミノ酸系の見極め方

例外はありますが、成分表の上位に以下の記載があれば、おおむねカルボン酸系、タウリン系、アミノ酸系のいずれかと判断できます。

［カルボン酸系］

語尾をCHECK!

「～カルボン酸Ｎａ」
「～酢酸Ｎａ」

例）ラウレス-5カルボン酸Na

［タウリン系］

語尾をCHECK!

「～タウリンＮａ」

例）ココイルメチルタウリンNa

［アミノ酸系］

語尾をCHECK!

「～アラニンＮａ」
「～グルタミン酸 Ｎａ」

例）ラウロイルメチルアラニンNa

注意！　上記の成分が書かれていても、主成分にラウリル硫酸Na、ラウレス硫酸Na、オレフィンスルホン酸Naなども入っていたら台なしです！　よく確認しましょう。

CHECK 2

洗浄力は徐々に落すのがコツ

洗浄力の高さは、タウリン系、カルボン酸系、アミノ酸系の順番です。いずれも充分に低刺激＆穏やかな洗浄力です。ただし市販の大衆向けシャンプーはほぼ洗浄力が強く、そこからいきなりアミノ酸系に変えると洗浄力が不足することもあります。

大衆向けシャンプーを使っていたら、まずはカルボン酸系が◎。その後、お好みに応じてアミノ酸系に移行しても良いでしょう。

美容院の施術後は高額トリートメントは断るべし！

いつものトリートメントで
サラサラに戻してくださる？
こだわりのヘア
いつも月末に予約する

パーマ後はトリートメントすればOK女子

特徴

- ロングヘアはふるゆわパーマ
- パーマをしたら美容院で高額トリートメント
- 美容院では女性誌をひたすら読む

DATA

必ずトリートメント

美白度：★★☆
潤い度：★★☆
セコく思われそうで断れない：★★★

ここがNGケア

美容師さんにゴリ推しされても、パーマ後の有料トリートメントは縮毛矯正、NG！

Check 1

美容院の有料トリートメントは髪を〝コーティング〟するもの

美容院でパーマ、縮毛矯正などを行うと「ダメージを抑えるためにトリートメントもしなきゃ」と思いがち。しかしこういった薬剤を使った施術後は、**有料のトリートメントはするべきではありません！**

美容院の有料トリートメントは、その多くが見た目の美しさと手触りを良くするために、髪を皮膜剤でコーティングするもの。すなわち**施術に使った薬剤が、髪に残留したまま閉じ込められてしまうのです。**

Check 2

施術で髪に残留した薬剤がコーティングに閉じ込められる！

パーマや縮毛矯正に使った薬剤は、**施術後もしばらく髪に残留**しています。硫黄のような薬剤臭が強いほど、多く残留している証拠。トリートメントをするとそのときはサラサラヘアになりますが、２週間ほど経つとバサバサヘアに。これはコーティングが取れたからだけではなく、**残留した薬剤がコーティングに閉じ込められて揮発できなかった**ためです。特にパーマや縮毛矯正は**「還元剤」が髪の結合を切り続けます。**

かずのすけ格言　美容院のトリートメントは、補修よりも見た目の美しさ優先。

カラー・パーマ・縮毛矯正後のNG行動まとめ

ザックリまとめると……

- 施術後1週間は髪に薬剤が残留しているため、髪を強く被膜するトリートメントはしない。
- 髪を「弱酸性」に戻さないとダメージが進むので、「アルカリ性」の石けんシャンプーはNG。
- 施術でキューティクルが開き、ダメージに弱い状態なので、硫酸系やスルホン酸系のシャンプーは×。

CHECK 1

キューティクルはアルカリ性だと開く

カラー、パーマ、縮毛矯正は「アルカリ剤」で髪をアルカリ性にすることで「キューティクル」を開き、染料やパーマ液を入れます。施術後もアルカリ性のままだと、開いたキューティクルから染料が抜けやすく、悪い成分の影響も受けやすくなるため、アルカリ性の石けんシャンプーはNG。

カラー・パーマ・縮毛矯正のダメージ

それぞれの髪へのダメージレベルは全く異なるものです。

［使用する薬剤とダメージレベル］

ダメージレベルを「1」が最小、「10」を最大と考えたとき、それぞれの施術は以下のようになります（数値はあくまで目安）。

施術	ダメージレベル	使う薬品
カラーリング	3	アルカリ剤＋弱い酸化剤
ブリーチ	5	アルカリ剤＋強力な酸化剤
パーマ	7	アルカリ剤＋強力な還元剤＋酸化剤
縮毛矯正	10	アルカリ剤＋強力な還元剤＋高熱＋伸張力＋酸化剤

健康な髪は「弱酸性」で、キューティクルが閉じています。カラー、パーマ、縮毛矯正は「アルカリ剤」を使って髪をアルカリ性にすることでキューティクルを開き、そこから各種薬剤を侵入させています。パーマと縮毛矯正は「還元剤」を使って髪の形を変えますが、これは髪の結合を切るので大打撃になるのです！

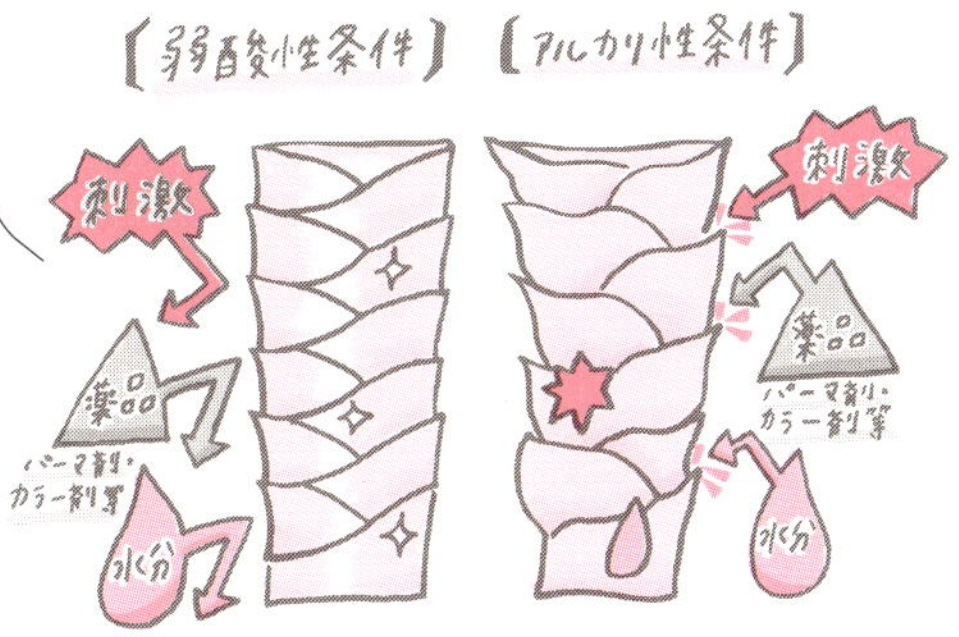
〔弱酸性条件〕
〔アルカリ性条件〕
刺激
薬品
パーマ剤・カラー剤等
水分
刺激
薬品
パーマ剤・カラー剤等
水分

CHECK 2

パーマ&縮毛矯正の還元剤は破壊力大！

アルカリ剤よりも圧倒的に大ダメージなのが、パーマや縮毛矯正に使われる「還元剤」です。

髪は「ケラチン」でできており、ケラチンは「ジスルフィド結合」という強力な結合でつながった物質です。この結合を切るのが還元剤。結合を切ると髪の形状を簡単に変えられるようになり、巻けばパーマ、ストレートにすれば縮毛矯正になります。しかしその直後にトリートメントで髪をコーティングすると、残留した還元剤がケラチンの結合を切り続け、取り返しのつかないダメージに発展することも。

髪のダメージは「修復」不可だけど「補修」はできる

ザックリまとめると……

- ケラチン配合：◎パーマ・縮毛矯正の「還元剤」を失活させる。◎髪のダメージを補修する。
- ヘマチン配合：◎パーマ・縮毛矯正の「還元剤」を失活させる。◎パーマ＆カラーが長持ちする。
- シャンプーは弱酸性のものを選ぶ。カルボン酸系、タウリン系、アミノ酸系は、ほぼ弱酸性。

CHECK 1

「ケラチン」の効果とは？

「ケラチン（or加水分解ケラチン）」には酸化作用があり、パーマや縮毛矯正で髪に残留した「還元剤」の作用を失わせる効果があります。

また髪を構成しているケラチンの切れた部分にくっつき、〝ツギハギ〟のような形でダメージを補強してくれます。

カラー・パーマ・縮毛矯正後のトリートメント選び

施術後も髪がアルカリ性のままだと、開いたキューティクルから染料や溶解した毛髪のタンパク質などが抜けやすく、またパーマや縮毛矯正で使う還元剤はアルカリ環境のほうが活性するもの。弱酸性のシャンプーで髪を弱酸性に戻しつつ、ケラチンorヘマチン入りのトリートメントで薬剤オフをすると良いでしょう（トリートメントは油分が多く、pHにあまり関与しません）。

地肌にトリートメントは×

トリートメントとは、あくまでもシャンプー後の髪を柔軟にし、より美しい髪を叶えるために使うものです。シャンプーさえきちんと選べば、トリートメントの成分が原因で髪が傷むことはありません。しかしトリートメントに必須の「陽イオン界面活性剤（ステアルトリモニウムクロリド、セトリモニウムブロミド）」は肌への刺激が強いので、皮膚にはつけないこと。

CHECK 2

「ヘマチン」の効果とは？

「ヘマチン」には、パーマや縮毛矯正で髪に残留した「還元剤」に酸素を届け、作用を失わせる効果があります。

またカラーやパーマの効果を長持ちさせてくれるという、うれしい効果も。ただし施術前に使うと薬剤が効かなくなるので、施術前3日間は使用を控えましょう。

かずのすけ語録

一度壊れた髪はもう元に戻らないけど補修はできる

ドライヤーのダメージは使い方次第で軽減できる！

あーあー
誰か髪乾かしてくれないかな
ツイッター見終わるまでずっとブラッシングしてる
芸人のつぶやき見てる
スマホの画面割れて1ヵ月たつ
スウェット

髪は自然乾燥派女子

特徴

- お風呂上がり、すぐにスマホをいじる
- 長い髪はこまめにブラッシングしている
- 夏は暑いのでドライヤーが嫌い

DATA

髪がバサバサ

美白度：★★☆
潤い度：★☆☆
冬以外は
自然乾燥派：★★★

ここが**NG**ケア

濡れた髪は、超ヨワヨワ状態！お風呂上がりは至急、ドライヤーをかけよ！

Check 1

髪の耐久性は、濡れると
約6割もダウンしてしまう！

お風呂上がりに髪が濡れたまま、のんきにテレビやスマホを見てるのはNG。髪は濡れた状態だと、**耐久性が約6割**も落ちます。

この状態の髪は、**タオルの摩擦などささいなダメージでも傷みの原因**になります。コテは最悪。ブラッシングも結構なダメージなので注意を。特にプラスチックなど、髪とかけ離れた素材のブラシは、**静電気が起きて刺激**になります。きちんと乾かしてから、豚毛など自然素材のブラシで梳かしましょう。

Check 2

ドライヤーのダメージよりも
濡れたままのほうがダメージ大

「でもドライヤーは髪が傷むし、パサつくし……」と思うかもしれません。たしかにドライヤーの熱は、多少のダメージにはなります。しかし**濡れたままよりマシ**です。

ドライヤーで髪が乾燥するのは、髪が熱を冷まそうとして水分を蒸発させるからです（気化熱）。ですから、ドライヤーで髪を温め、**ある程度乾いたら「冷風」に切り替え**て冷やしましょう。水分が蒸発しないので、パサつきを防げます。

かずのすけ格言　ドライヤーの熱より、濡れた状態を気にするべき。

ドライヤーの熱から髪を守るアウトバスコスメ

ザックリまとめると……

- ドライヤーの熱から髪を守るなら、オイルよりもウォーターベースの「ミスト」が正解。
- 「ケラチン」は熱を受けると固まり、髪の保護膜に。形状記憶作用もあり、スタイリングにも◎。
- 「キトサン」には断熱効果がある。「ラクトン誘導体」は熱を加えると髪のダメージを補修する。

CHECK 1

髪を熱から守るならオイルよりミスト

アウトバス用のヘアケア用品には、ツバキ油やアルガンオイルなどの「油脂」が多いのですが、油脂にドライヤーを当てるとすぐに酸化します。同じオイルでもシリコーンならOKですが、いちばんのおすすめは、ウォーターベースのミストで、断熱効果のある成分が入ったものです。

ドライヤーの熱から髪を守るには

髪を洗った後、傷めないようにケアするにはどんな方法があるでしょうか。次の点を参考にしてください。

「マイナスイオンドライヤー」は、静電気を抑えてくれるのでいいでしょう。値段に開きがありますが、そんなに高くないもので充分です。

ドライヤーの熱を下げようとして、髪が水分を外に発散すると乾燥する。熱風で乾かしたら、仕上げに〝冷風モード〟をON！これでパサつきも解決♪

ドライヤー時に髪につけるなら、「ケラチン」「キトサン」「ラクトン誘導体」などが入ったミストがおすすめです！

CHECK 2

髪を熱から守ってくれる成分

「ケラチン（or加水分解ケラチン）」は熱を受けると硬化し、髪の保護膜になってくれます。形状記憶もサポートするのでスタイリングにも◎。

カニやエビの甲羅の成分「キトサン」は、強力な断熱効果があります。

さらにラクトン誘導体と呼ばれる「γ－ドコサラクトン」「メドウフォーム－δ－ラクトン」は熱を受けることで髪のダメージを補修してくれる成分です。

頭皮の健康には
オイルもクレンジングも不要!

特徴

- 最近、抜け毛が多い
- 洗い流さないトリートメントで毛髪ケア
- ツヤツヤとテカテカの違いに気づかない

DATA

毛髪にオイル

美白度：★★☆
潤い度：★☆☆
頭皮の油で
一掃したい：★★★

ここが NGケア

オイルやブラシを使った頭皮マッサージは逆効果になることもある

Check 1

オイルも頭皮ブラシも地肌のコンディションを乱すだけ

頭皮にツバキ油などをつけてマッサージしたり、頭皮ブラシで地肌を刺激したり……。

しかしオイルを塗っても、特に良い効果はなし。ツバキ油は人間の皮脂に近い油なので害はないものの、**油脂は酸化すると臭うことがあります**。また、油分が蓄積すると、洗浄力の強いシャンプーが必要です。プラスチック製の頭皮ブラシは、むしろ静電気を帯びるので髪が傷む原因。頭皮マッサージをするのに、**化粧品や道具を使う必要はありません**。

Check 2

皮脂を取り過ぎると頭皮環境は悪化する

「抜け毛防止に頭皮の脂はしっかり落とそう！」と、頭皮クレンジングを行う人もいますが、これも必要なし。皮脂は肌を弱酸性に保ち、**雑菌や刺激から守ってくれる〝ベール〟**です。不足すると肌が無防備になり、それこそ頭皮環境が悪化します。また皮脂を奪いすぎると、その分を補おうとして**逆に皮脂分泌が促されます**。しかし皮脂は、空気に長時間触れると「酸化」して臭いや炎症の原因に。皮脂は適度に残すことが大切なのです。

かずのすけ格言　頭皮ケアはシャンプーだけでいい。

KAZUNOSUKE COLUMN 2

シャンプーが原因で抜け毛が増える？

「シャンプーを変えたら抜け毛が増えた」という方がいますが、結論から言うとシャンプーで抜け毛が増えることはありません。

毛髪には成長のサイクルがあります。「成長期」の毛髪は根っこにある「毛球」がしっかりしていて、ちょっと引っ張っただけでは抜けません。しかし数年間成長し続けて毛球が退化すると、髪は「休止期」に入り簡単に抜けるようになります。私たちの毛は、毎日およそ50～100本抜けていますが、これは何千とある休止期の髪が、日々少しずつ抜けているのです。

例えば普通のシャンプーから、ノンシリコンシャンプーや石けんシャンプーなどに変えると、これらはギシギシ感が強いため、洗うときに髪同士の摩擦が強くなります。この結果、休止期の毛髪がいつもより多く抜けるだけです。

抜け毛や薄毛の直接的な原因は、ストレスなどによるホルモンバランスの崩れです。シャンプーの成分が原因ではありません。しかしシャンプーの“洗浄力”に過不足があると、頭皮環境の悪化でフケや炎症などができ、これが“間接的”に抜け毛を助長する場合はあります。だからこそシャンプーの洗浄力は大切なのです。

第4章

選ぶならどっち？
正しいスキンケア

Q&A

スキンケアをしていると、
これとあれ、どっちが正しいの？と
悩むことはありませんか？
身近な疑問を解決します。

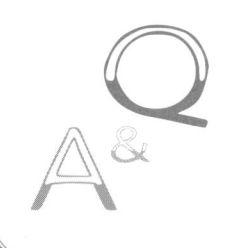

Q

ダブル洗顔ありとクレンジングのみ

やるならどっち？

A

クレンジング剤の種類と肌質による

そのワケ１

界面活性剤主体のクレンジングはＷ洗顔不要

界面活性剤はメイクを水に流す作用があり、**界面活性剤主体のミルク、リキッドは肌に残留しづらくダブル洗顔不要。**オイル、クリームは洗顔後油分が肌に残るのでダブル洗顔をしたほうが良いものが多い。

そのワケ２

ニキビ肌や敏感肌は油脂でもＷ洗顔が必要

同じオイルでも**油脂系クレンジング**はわりと水に流しやすく、ダブル洗顔なしでもＯＫ。ただし**ニキビや脂漏性湿疹ができやすい人**は油分で肌荒れしやすくダブル洗顔推奨。

美肌になるケアのコツ

油脂クレンジングでもニキビ肌質ならアミノ酸などの優しい洗顔料でＷ洗顔を

ダブル洗顔とは、クレンジング剤が肌に残らないように、クレンジング後に洗顔料で顔を洗うことです。

「ミルク」や「リキッド」のクレンジングは、主に界面活性剤でメイクを落とします。「オイル」「クリーム」は油分でメイクを浮かせ、界面活性剤で洗い流します。このように界面活性剤はメイクを水に流すので、これが主体の**ミルクやリキッドは水に流れやすく、基本はダブル洗顔不要。オイルやクリームは油分が肌に残るため基本はダブル洗顔が必要です。**

例外的にオイルでも「油脂」はわりと水に流れやすく、万が一肌に残っても皮脂に似た成分なので、基本的にはダブル洗顔不要。ですが過剰な油分はニキビや脂漏性湿疹を誘発したり、敏感肌だと油分の分解物（脂肪酸）の刺激で肌が荒れたりも。ニキビや脂漏性湿疹ができやすい人は、**油脂クレンジング後はアミノ酸系**などの優しい洗顔料を。

Q

朝はお湯だけ洗顔と朝も洗顔料でしっかり洗顔

やるならどっち？

A

夜洗顔したらベストはお湯だけ

そのワケ 1

洗顔は基本的には
1日1回がベスト

洗顔のし過ぎは肌トラブルのもとなので、夜にクレンジングや洗顔をしたら、基本的に朝は**お湯だけ洗顔が理想。**もともと洗顔料を一切使わない人もそのままでOK。

そのワケ 2

優しい洗顔料なら
1日2回でも問題なし

テカリが気になる人や今までガンガン洗顔していた人は、**1日2回**までなら洗顔OK。特に穏やかな洗浄力のカルボン酸系やアミノ酸系の洗顔料なら問題にはならない。

美肌になるケアのコツ

朝・夜問わず洗顔は1日1回がベスト。ただし優しい洗顔料なら2回でもOK

洗顔のし過ぎは、**乾燥や皮脂過剰の原因**になります。**夜に洗顔料を使ったら、朝はお湯だけ洗顔がベスト。**もともとからクレンジングオンリーで、洗顔料を一切使わない人も、そのままの路線でOKです。

一方、「テカリが気になるから、朝も洗顔料でしっかり洗いたい！」という人などは、朝・夜の1日2回までなら洗顔料を使っても問題ありません。

特に本書でご紹介した「カルボン酸系」や「アミノ酸系」の洗顔料なら、肌に必要な潤いはきちんと残してくれるので、**1日2回までの使用**なら平気です。

逆に1日に3回も4回も洗顔していた人が、急に1日1回のアミノ酸系洗顔なんかにしたら肌荒れ必至。洗い過ぎには注意しつつも、自分の肌質やこれまでのスキンケア方法をふまえ、**無理のない形で洗浄力をコントロールしましょう。**

Q

泡立てネットと泡立ちのいい洗顔料

使うならどっち?

A

泡立てネット

そのワケ 1

泡を作る添加剤に皮膚刺激があることも

洗顔に「泡」が大切なのは事実。これは**泡がクッション**となって、手でこすることで肌にかかる**「摩擦」を軽減してくれる**から。また、泡を立てるとふわっと膨張し、洗える面積が増えるのもメリットのひとつ。

しかし洗顔料の泡立ちを高めるには、そのための**「添加剤」**が必要になり、ものによっては皮膚刺激を伴うケースもある。**「泡立てネット」**などを使って、泡は自分で作るのがいちばん！

美肌になるケアのコツ

泡はたしかに大切だけど、洗顔料を泡立ち重視で選ぶとリスクが高まる

「洗顔は泡を立てることが大切」というのは正しい説です。泡には「クッション作用」があり、手でこすることで肌にかかる「摩擦」を軽減してくれるからです。また、泡にするとふわっと膨らむので、洗える面積も広くなって一石二鳥。

しかし泡立ちを良くするには、「添加剤」を加える必要があり、これが刺激成分であるケースもあります。

以前、とある洗顔石けんで「小麦アレルギー」の被害者が続出した事件を覚えていますか？　あの化粧品会社の広告がまさに、手のひらにモコモコの泡をのせ、それを逆さにしても泡が手にくっついて落下しない！　というものでした。このモコモコ泡を作っていたのは**「加水分解小麦タンパク」**※**という増泡成分。**これこそ小麦アレルギーの元凶だったのです。

洗顔料に泡立ちを求めるよりも**「泡は自分で作ればいい」**と考え、泡立てネットや泡立てボールを活用しましょう。

※「グレパール19S」という特殊な成分。現在は使われていない。

Q

手とコットン

化粧水を塗るならどっち？

A

手

そのワケ 1

肌と異質な素材ほど
摩擦や刺激が強くなる

肌は、自分とより異質な素材ほど、**接触時に静電気**を受け、肌への摩擦や刺激に。手なら肌そのものなので、全く静電気を帯びず安心。コットンは帯電しにくい繊維なので基本的には低刺激ながら同素材には劣る。

そのワケ 2

化粧水がコットンに
吸い取られてしまう

化粧水をコットンに含ませると、化粧水の大半がコットン側に吸収されてしまう。その分、より多くの化粧水を消費せざるをえない。**コスパ的にも断然、手で塗るのが正解。**

美肌になるケアのコツ

コットンは良い素材だけど
肌に絶対的に安心なのは手

化粧水をコットンに垂らすとグングン染み込んで、**ほとんどがコットン側に取られてしまいます。**単純にもったいないので、手でつけたほうが良いですね。

また、**肌とかけ離れた化学構造の素材**ほど、肌に触れたときにより強い「静電気」を帯び、摩擦や刺激になります。気づかないうちに、私たちは至る所で静電気に触れていますが、感知しない微弱な静電気も蓄積すればダメージになります。

コットンはわりと肌に構造が近く、優しい素材なのですが、本物の肌である手には勝てません。**同じ肌同士なら、静電気を帯びることはないのですから。**

そんなわけで今回は手に軍配が上がりましたが、バスタオルや下着など、**肌に触れるものはコットン（綿）製**がおすすめ。自然素材は肌に近い構造が多く、ウール、シルクも良い素材です。ポリエステルやアクリルは刺激になるので気をつけて！

Q

洗顔はしめに冷水と最後までぬるま湯

やるならどっち？

A

しめに冷水

そのワケ 1

「気化熱」による肌の水分蒸発を防ぐ

皮膚の汚れを落とすには、**37～40℃くらいのぬるま湯**で洗顔するのは正解。しかしラストは、**顔に「冷水」を数秒かけるの**がおすすめ。

肌は温まると「熱」を外に放出しようとする（＝気化熱）。このとき、肌の「水分」を熱と一緒に発散するので、肌を温めると乾燥しやすい。洗顔のしめに冷水をかければ**乾燥を予防できる。**

美肌になるケアのコツ

洗顔の仕上げに冷水をかけるのは、毛穴の引き締めではなく乾燥予防のため

肌は温まると、熱を外に発散しようとします。この「気化熱」と一緒に「水分」も蒸発することで、肌が乾燥するのです。肌を温めた場合は、**最後に冷やして気化熱の発生を防ぎ、乾燥を予防しましょう。**

顔の汚れは水では落ちにくいので、まずは**37～40℃くらいのぬるま湯で洗顔を**。そして最後に、冷水をサ～ッとかけましょう。**5秒もかければ充分です。**

なお、毛穴の引き締めのために顔に冷水をかける人がいますが、引き締まるのはそのときだけなので、この目的でやる意味はありません。

同じく毛穴の引き締め狙いで、**冷水と温水を交互にかける美容法**もあるようです。しかし交感神経と副交感神経が何度も切り替わることで、自律神経が乱れかねないので、これはおすすめできません。

Q

普通の日焼け止めとロングUVA対応の日焼け止め

選ぶならどっち？

A

普通の日焼け止め

そのワケ 1

ロングUVAは細胞を傷つけない

「ロングUVA」は、シワ・たるみの原因となるUVAの中でいちばん波長が長い光線だが、波長が長すぎてエネルギーが弱く、**肌細胞へのダメージは基本的にないと考えられている。**

そのワケ 2

ロングUVAも防げる成分は刺激が強い

ロングUVAのような長い波長の光線を吸収できる紫外線吸収剤は化学的に安定性が悪く、**皮膚刺激が強くなりがち。**敏感肌にはロングUVAよりこっちのほうが負担大！

美肌になるケアのコツ

ロングUVAの有害性は未立証！それより防御成分の肌刺激のほうが怖い

最近よく耳にするのが、「ロングUVAも防げる！」というタイプの日焼け止め。シワ・たるみの原因となる「UVA」の中で最も長い波長の光線が「**ロングUVA**」です。波長が長い光線はより肌の奥深くまで届くため、その危険性が叫ばれています。

しかし波長があまりにも長すぎて、**エネルギーが弱く、肌細胞を傷つけることはできないと考えられています。**

またロングUVAも防げる成分には、刺激になるものが多いのも懸念材料。代表例は「t－ブチルメトキシジベンゾイルメタン（アボベンゾン）」などで最近ではあまり利用されなくなった刺激の強い成分です。

リスクの立証されていないロングUVAよりも、このような刺激成分のほうが、よほど肌には心配。日焼け止めは、**基礎的なSPFとPAをチェック**すればよいでしょう。

Q

国産コスメと海外コスメ

選ぶならどっち？

A

国産コスメ

そのワケ 1

海外コスメは
日本製より刺激が強い

欧米はもちろん、中国や韓国などの大陸は硬水が中心なので、肌の強い人種が多い。海外コスメは日本製よりも強い処方が多く、**肌の敏感な日本人には刺激になりやすい。**

そのワケ 2

ヨーロッパ特有の
自然派志向がアダにも

欧州では新たな化粧品成分は何十年も開発されておらず**古い成分ばかり。**その分「有機植物」を使ったオーガニックコスメが豊富だが、無農薬の植物は身を守る毒を出す。

美肌になるケアのコツ

日本人は肌が敏感。海外の強い化粧品やガチのオーガニックコスメは刺激に

硬水が多い欧米や陸続きのアジア諸国と違って、軟水に慣れた日本人は肌が鍛えられておらず、皮膚が薄く敏感。海外コスメは、**日本人には刺激の強い商品が多い**のです。

またヨーロッパでは、新規の化粧品成分の「動物実験」が禁止されています。そのため新規開発が止まっており、何十年も前にできた**刺激の強い界面活性剤しか使えません。**

その分、盛んなのが「オーガニックコスメ」。日本のオーガニックコスメは定義が曖昧ですが、ヨーロッパでは、配合しているすべての植物原料が「有機栽培」であることと定義しています。しかし植物は、**無農薬で育つと外敵から身を守る毒を分泌するため、逆に毒性が強まるという一説も。**

植物原料はもともと刺激を伴いがちですが、ヨーロッパのオーガニックコスメはさらに有機栽培。日本のゆる〜いオーガニックコスメのほうが、まだ低リスクかもしれません。

おわりに

化粧品は神秘の力を秘めた魔法の薬などでは決してありません。

そのすべてが化学成分の複合物であり、どのような作用にも必ず科学的なメカニズムがあります。このメカニズムにしっかり目を向けてみると、みんながとても良いものだと思っているものが実はそんなに良いものじゃなかったり、逆にすごく嫌われているものが全然問題のないものだったりと、その化粧品の本当の姿が見えてきます。

「何が入っているのか、どういう反応が起こっているのか全くわからない」

現代では大半の女性たちがこういった状況で化粧品を使用しています。感覚のみで化粧品を選ぶことを全否定はしませんが、できれば多少は成分などに目を向けてみてはどうかなと思うことが多くあります。正体のわからないものを肌に塗りつけている状況ですから、それで肌が荒れないというほうがむしろ不思議です。

人の肌というのはもともとそれひとつだけで完成された器官です。にもかかわらず現代ではメディアの情報に翻弄されて「化粧品を使わないと肌がダメになる」と思ってしまっている消費者がすごく多いのです。実際には、化粧品は肌の機能を補助するための道具に過ぎないので、足りないものを最低限補えればそれで充分。

それにもかかわらず、削ったり剥がしたり溶かしたりという、およそ肌のためになるはずがない商品が人気を博してしまっている実態もあります。こういった商品で肌を酷使しても後悔するのはその数年、数十年後……。

「もっと早く知りたかった！」と嘆かれる前に、本書『オトナ女子のための美肌図鑑』が皆様の助けとなれば幸いです。

2017年6月吉日　**かずのすけ**

STAFF

イラスト……つぼゆり／川杉早希
装丁・本文デザイン……野村友美（mom design）
構成……粕谷久美子
校正……深澤晴彦
編集……野秋真紀子（ヴュー企画）
編集統括……吉本光里（ワニブックス）

オトナ女子のための
美肌図鑑

著者　かずのすけ

2017年7月31日　初版発行
2018年5月1日　6版発行

発行者　横内正昭
編集人　青柳有紀
発行所　株式会社ワニブックス
〒150-8482
東京都渋谷区恵比寿4-4-9　えびす大黒ビル
電話　03-5449-2711（代表）
03-5449-2716（編集部）
ワニブックスHP　http://www.wani.co.jp/
WANI BOOKOUT　http://www.wanibookout.com/
印刷所　凸版印刷株式会社
製本所　ナショナル製本

本書で紹介した方法を実行した場合の効果には個人差があります。
また、持病をお持ちの方、現在通院をされている方は、
事前に主治医と相談の上、実行してください。

ISBN 978-4-8470-9592-4